www.tredition.de

AF216836

Johann Strasser

BERUF: POMPFÜNEBERER

Erlebnisse eines Bestatters

© 2021 Johann Strasser

Verlag & Druck:
tredition GmbH, Halenreie 40-44, 22359 Hamburg

978-3-347-41923-0 (Paperback)
978-3-347-41924-7 (e-Book)

Bibliografische Information der Deutschen Nationalbibliothek: Die Deutsche Nationalbibliothek verzeichnet diese Publikation in der Deutschen Nationalbibliografie; detaillierte bibliografische Daten sind im Internet über http://dnb.dnb.de abrufbar.

Inhalt

Stadtzentrum

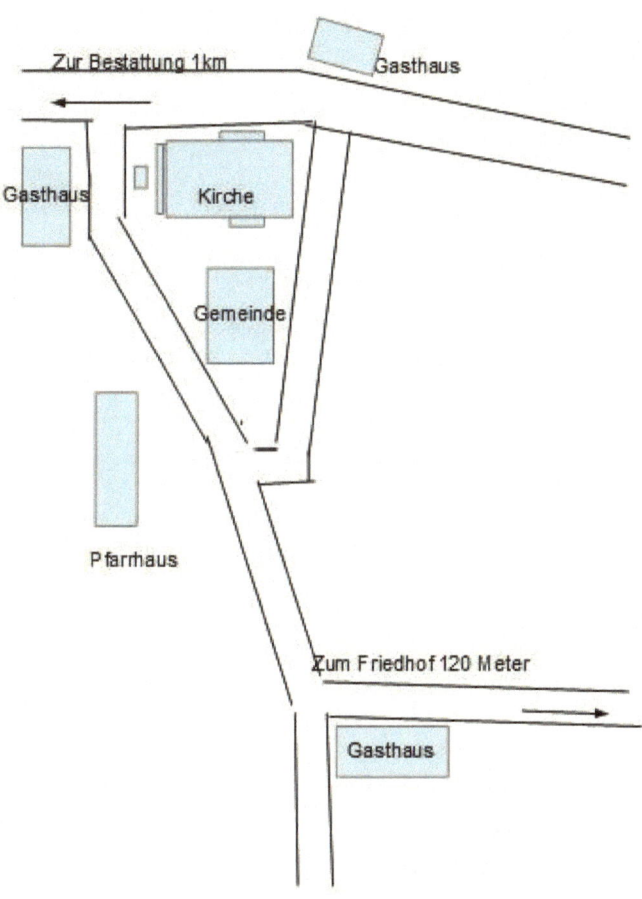

PROLOG

Es kommt der Tag X, von dem ich wusste, dass er kommen wird, und ein undefinierbares mulmiges Gefühl schleicht sich ein.

Obwohl es mir anschaulich erzählt wurde und ich genügend vorbereitet bin, trifft es mich unmittelbar. Ich bin fest davon überzeugt, dass ich es ganz locker nehmen werde. Ich will gar nicht zugeben, dass ich nervös und aufgeregt bin, ich weiß, dass sie genau beobachten, was ich tue und dass es der erste Einsatz dieser Art ist.

Dann stehe ich irgendwo auf irgendeinem Dachboden, leer bis auf Balken und Sparren oder angefüllt mit nicht mehr brauchbaren Gegenständen oder gelagertem Gerümpel, sodass ich mich erst orientieren muss. Noch habe ich keinen Blick dafür, ich muss mich konzentrieren. Auf meine Arbeit. Zuerst nehme ich den Geruch wahr, fremd und völlig ungewohnt. Den Geruch, der mich von nun an begleiten wird wie mein Schatten. Je nach Jahreszeit ist es drückend heiß oder saukalt, es schwirren mehr oder weniger Fliegen herum, ich trete in Taubendreck oder anderes Unangenehmes.

Auf einmal stehe ich davor. Vor mir baumelt ein Mensch bereits den zweiten Tag, einen Strick um den Hals, das Gesicht bläulich verfärbt und aufgedunsen, Augen und Zunge quellen heraus, die Hosenbeine fleckig und steif. Die Leiter oder der Stuhl, auf den der Unglückliche gestiegen ist, weil er mit seinem Leben offenbar nicht mehr fertig wurde, umgeworfen.

Neben mir mehr oder weniger abgebrühte Polizisten, für die so etwas schon lange Routine und exakt jener Alltag ist, der es in den kommenden Jahren auch für mich sein wird. Einer der Helfer steigt auf die Leiter und schneidet den Strick ab, der Tote plumpst mir wie ein großer, schwerer, unbeweglicher Sack in die Arme, wirft mich schier um. Den Geruch des Todes, der mich nun voll erwischt, vergesse ich nie wieder. Dann liegt er vor mir. Ich will dem Verstorbenen die trüben, aufgerissenen Augen, die mich, und wie ich das Gefühl habe, nur mich, anstarren, gefühlvoll zudrücken, aber sie lassen sich nicht schließen, sooft ich es auch probiere. In Kino und TV schaut das ganz anders und so leicht aus. Aber das hier ist die raue Wirklichkeit. Erst wenn ich die Lider beschwere, funktioniert es. Ich schaue in seinen Taschen nach, ob etwas von besonderem Interesse für Polizei oder die Nachkommen enthalten ist (*1)

Nach einem stillen Gebet und der provisorischen Einsargung ist es vorerst einmal vorbei. Ein Schluck aus dem Flachmann, den ich mir verdient habe. Nur noch der Abtransport über die enge Dachbodenstiege liegt vor mir. Aber die Hauptarbeit ist getan. Anerkennendes Schulterklopfen des Kollegen und der noch anwesenden Beamten, die über meinen ersten Einsatz informiert waren. Dem Sanitäter, beileibe kein Frischling, der zusammen mit dem Notarzt gekommen war, geht es weniger gut. Der hatte den Arzt dringender gebraucht als der Tote. Die Feuertaufe habe ich bestanden.

Ich bemühe mich, an gar nichts zu denken. Nein, ich darf auch keine Gedanken aufkommen lassen, die Arbeit ist getan. Die letzte halbe Stunde streiche ich vorerst einmal aus dem Gedächtnis. Reden kann ich meinetwegen morgen darüber, heute nicht, egal, wie neugierig ich gefragt werde.

EINE KURZE BETRACHTUNG VERSCHIEDENER BESTATTUNGSFORMEN

Jede der fünf Weltreligionen pflegt einen sehr unterschiedlichen Umgang mit dem Tod und den Toten.

In unseren Breiten und in der „Zivilisation" wird gestorben und begraben oder verbrannt und dann vielfach so schnell als möglich vergessen. Auch die jährliche Modeschau und der Jahrmarkt der Eitelkeiten zu Allerheiligen sind getrübt. Der neue Pelzmantel, der sonst zu diesem Anlass vorgeführt wurde, fiel den Tierschützern und dem Klimawandel zu Opfer.

Bei den **Christen** ist sowohl die Erdbestattung, als auch die Urnenbeisetzung, die sich immer mehr im städtischen Bereich durchsetzt, üblich. Der Tote wird gewaschen, angezogen, ein Priester, wenn er beigezogen wird, verleiht die letzte Ölung. Christen glauben auch an die Auferstehung und das ewige Leben. Nach Gebeten im Kreise von Familie und anwesenden Verwandten und Freunden wird der Verstorbene nach angemessener Zeit beerdigt. Mit Parten, per Zeitung oder beidem werden Angehörige und Freunde verständigt, damit diese den Verstorbenen zur letzten Ruhe begleiten können. Bis zu drei Wochen und länger können so die Wartezeiten bis zum Begräbnis im Sarg oder der Urnenbeiset-zung dauern. Üblich sind auch Totenmessen am Tag des Begräbnisses. Ob still oder mit großem Auf-wand, das bestimmen die Angehörigen oder der Tote, wenn er es vorher bekundete. Am Grab selbst werden dem in die Grube gelegten Sarg noch Blu-men oder eine kleine Schaufel voll Erde nachgewor-fen. Auf Wunsch ist jederzeit Musikbegleitung möglich. Bei einer Urnenbestattung wird die Urne in eine Mauernische oder die Erde gelegt, mittler-weile sind auch See- oder neuerdings Waldbestat-tungen möglich. Nach der Bestattung gibt es viel-fach noch die sogenannte Zehrung, eine Zusam-menkunft in einem Gasthaus für Geladene. Der Name stammt aus der Zeit, wo die Begräbnisteil-nehmer zum Teil noch Stunden bis zum Friedhof gehen oder fahren mussten. Als Dank dafür wur-den sie von den Hinterbliebenen zu einem Essen eingeladen, der Wegzehrung, die ganz profan die Lebenden und nicht die Toten stärken sollte. Die sind hoffentlich schon, gestärkt durch die heiligen Sakramente, in den Himmel aufgefahren. Bis in die Achtzigerjahre des letzten Jahrhunderts war es üb-lich, dass ein Trauerjahr eingehalten wurde und bei Eheleuten der Überlebende auch ein Jahr lang schwarze Kleidung trug. In manchen dörflichen Ge-genden ist das noch heute der Brauch.

Im **Islam** gibt es genaue Regeln für die Beglei-tung beim Sterben. Die Gebete, die rituelle Wa-schung des Leichnams und die Beerdigung sind im Ablauf festgeschrieben. Der oder die Sterbende soll in ruhiger, respektvoller Weise an das Glaubensbekenntnis erinnert werden, es gibt keine Gottheit außer Allah, Mohammed ist sein Prophet. Der Leichnam einer Frau soll von Frauen, der eines Mannes von Männern gewaschen werden. Anschließend wird er in Leinentücher gewickelt. In diesen Tüchern, also ohne Sarg, soll er ins Grab gelegt werden. Rechtsseitig oder auf dem Rücken liegend geht die Blickrichtung nach Mekka. Die Bestattung soll rasch, möglichst noch am Sterbetag, erfolgen. Achtung vor dem Toten erfordert die Bestattung vor allen anderen Geschäften. Am Grab soll jede Geschäftigkeit unterbleiben, die Totenruhe sowie die Vermeidung von Personenkult haben Vorrang. Grabschmuck und Grabpflege sind verpönt und haben zu unterbleiben. Eine Feuerbestattung ist im Islam nicht zugelassen, der Tote soll „vollständig" vor Gott treten können. Eine dreitägige Trauerzeit ist üblich, hier kommen Freunde, Bekannte und Nachbarn zum gemeinsamen Gebet zusammen. Familienangehörige halten bis zu vierzig Tagen Trauer.

Die auf österreichischen Friedhöfen geltenden Ruhefristen stehen den islamischen Regeln entgegen. Auf islamischen Grabfeldern sollte ausgeschlossen sein, dass je andere Nutzungen stattfinden. Mittlerweile gibt es auch hier muslimische Friedhöfe oder zumindest gesonderte Abteilungen.

Jüdische Bestattung. Da der Tote im Grab bis zur leiblichen Auferstehung am jüngsten Tage ruht, ist Erdbestattung vorgeschrieben. Diese muss möglichst schnell, am besten innerhalb von vierundzwanzig Stunden nach dem Tode, erfolgen, da die Seele erst dann aus der ewigen Ruhe aufsteigen kann. Mit dem Tod sind alle Juden wieder gleich, die Kleider sind weiß und der Sarg ist außerhalb Israels eine einfache Holzkiste. Um die Gleichheit aller im Tod deutlich zu machen, darf der schlichte Sarg nicht verziert werden. In der heiligen Erde Israels werden die Toten im Leinengewand beigesetzt, außerhalb Israels wird symbolisch eine kleine Menge der heiligen israelischen Erde oder ein Stein aus Israel in Sarg hineingelegt. Weder Musik noch Blumen sind bei der Beerdigung üblich. Gewaschen und bekleidet wird der Tote durch die heilige Bruderschaft, die Chewra Kadischa (*2). Fürdie Begräbnisriten ist ein Minjan (*3) erforderlich. Beim Begräbnis werden Psalmen zitiert und im Gebet die Herrlichkeit Ha Schems (Name Gottes, wie er im Gebet verwendet wird, da er weder geschrieben noch ausgesprochen werden darf) beschworen. Die Trauergäste werfen Erde auf den Sarg, zum Teil ist es noch Tradition, ein Stück Stoff vom schwarzen Trauergewand abzureissen. Männer stehen am Grab, dahinter die Frauen. Die Trauernden treffen sich nach dem üblichen rituellen Händewaschen zum gemeinsamen Essen und es wird laut gebetet und getröstet.

Für die Einhaltung der Vorschriften gibt es gesonderte jüdische Friedhöfe. Wie bei den Islamisten werden Gräber an andere Verstorbene weitergegeben. Auf vielen städtischen Friedhöfen gibt es besondere jüdische Grabfelder, um die ewige Ruhe zu ermöglichen. Die Hinterbliebenen sollen nach der Beerdigung eine siebentägige Trauerwoche einhalten und während dieser Zeit zu Hause bleiben. Ein Jahr nach der Beerdigung wird ein schlichter Gedenkstein aufgestellt.

Hinduismus. Unter diesem Begriff wird eine Reihe unterschiedlicher religiöser Vorstellungen und Rituale verstanden und so sind die Bestattungsregeln nach Tradition, Familie und Kaste unterschiedlich. Einheitlich ist, dass der Tod die Wiedereinkehr in den Kreislauf der Wiedergeburt ist. Der Sterbende, deren Kopf nach Süden zu liegen soll, werden nicht allein gelassen sein, durch ein Mantra (*4) soll ihre Seele möglichst rein gehalten werden. Der Körper des Toten wird sorgfältig gewaschen und es wird ein Totengebet gesprochen. In Tücher gewickelt, wird der Tote im Eingangsbereich seines Hauses aufgebahrt, dass sich alle verabschieden können. Die Söhne lassen sich den Kopf rasieren. Nach einer fünfmaligen Umrundung der öffentlichen Feuerstelle im Uhrzeigersinn wird das Feuer entzündet, bei Frauen am Fußende, bei Männern am Kopfende. Die Asche und eventuelle Rückstände werden nach Möglichkeit in den heiligen Fluss Ganges verstreut, denn wer hier bestattet ist, wird aus dem Kreis der Wiedergeburt befreit. Dazu setzt man noch schwimmende Kerzen auf das Wasser.

Aber andere heilige Gewässer oder das Meer sind natürlich erlaubt. Einen makaberen Nebeneffekt hat diese Art der Bestattung mittlerweile erreicht, denn im Ganges werden Welse gesichtet und gefangen, die sich von den Überresten ernähren, so gigantische Größen erreichen und somit eine Gefahr für die im heiligen Fluss Badenden darstellen.

Die Leichen der Verstorbenen werden öffentlich verbrannt, was nach dem Bestattungsrecht in Mitteleuropa nicht möglich ist.

Hindus werden immer kremiert, die Verbrennung wird in Europa im Krematorium durchgeführt. Die Totenvorbereitung erfolgt im Krematorium, was eine gesonderte Abteilung erfordert. Hindus werden aber oft auch nach Indien überführt, um sich traditionsgerecht bestatten zu lassen.

Buddhismus. Der Ritus erfordert, dass der Tote zunächst im Hause aufgebahrt wird, auch wenn er im Krankenhaus verstorben ist. Natürlich trauern auch hier die Menschen, aber für einen Buddhisten bedeutet der Tod nur den Übergang von einem Körper zum anderen. Hier erfolgt die Abschiedsnahme durch Nachkommen und Trauergäste in gemeinsamen Gesängen und Liedern im Herz Sukra (*5) im Hause und

erfordert meist eine besondere behördliche Genehmigung. Die Anwesenheit buddhistischer Mönche ist mehr als erwünscht. Die festgelegte heimatliche Abschiedszeremonie mit Gebeten und Ritualen wird deshalb in Mitteleuropa oft in nahe gelegene Klöster verlegt, kann aber genau so gut in der Trauerhalle eines Friedhofes stattfinden.

Der Tote wird verbrannt und die Asche im Sinne des Wortes beerdigt, also vergraben.

Ein Jahr lang gibt es immer wieder Versammlungen zum Andenken an den Verstorbenen und enden am Jahrestag in einer besonderen Feier.

Riten und Bräuche sind schier unerschöpflich, wenn es um den Totenkult in den verschiedenen Kulturen geht. Besonders einfallsreich sind exotische Länder, wo der Tod zum Leben gehört und untrennbar damit verbunden ist.

Vom Verbrennen zum Versenken in Wassertiefen, vom Hügelgrab zur Aufrechtbestattung. Vom lufttrocknen bis zum verfaulen. Vom Beweinen, wo der Verstorbene tagelang im Kreis der Familie herumgetragen wird bis hin zum fröhlichen Abschied mit Tanz und Völlerei. Vom raschen verscharren und vergessen bis zum feierlichen Zug durch eine ganze Stadt und der Errichtung eines Mausoleum. Vom Ausstellen im eigens dafür errichteten Museum bis zur Aufbewahrung von Reliquien in reich verzierten Schreinen oder dem Tragen von Teilen der Toten als Fetisch. Von aufgespreizten offenen Augen, damit der Tote sieht, wo die Reise hingeht und nicht vom Weg abkommt bis zur aufwändigen

Waschung, obwohl daneben gerade jemand verdurstet. Alles ist möglich.

Nur einige Beispiele dafür will ich hier anführen.

In Teilen Chinas, in der Provinz um Sechuan, wurden früher die Toten in Särgen, gehauen aus einem einzigen Baumstamm, an Felswände gehängt, vermutlich um Tiere abzuhalten, aber auch, um ihnen den Weg ins Jenseits zu erleichtern. Über die Art des Transportes und das Wie rätseln Forscher noch heute. Dieser Brauch ist auch aus Teilen der Philippinen bekannt.

Auf der indonesischen Insel Sulawesi werden die Toten einbalsamiert und verbleiben anschließend bis zu vier Jahre im Haus liegen. Die Bewohner sind der Meinung, dass die Verstorbenen nur krank und erst dann tot sind, wenn sie begraben werden. Dann erfolgt auch der Übergang ins nächste Leben. So haben während dieses langen Wartens die Angehörigen Zeit, um für die Trauerfeier zu sparen und den Termin danach festzusetzen. Die Begräbnisfeier kann zehn Tage dauern, und begüterte Familien laden bis zu tausend Gäste dazu ein, es werden unzählige Tiere geschlachtet, vornehmlich Wasserbüffel, Hütten für die Teilnehmer werden gebaut und anschließend wieder abgerissen. Nach der Feier kommt der Tote in den Sarg und wird in einem Felsengrab beigesetzt.

Lebensgroße Puppen, die den Toten ähnlich sind, werden als Wächter aufgestellt.

Im Westen Mexikos ist es Brauch und Pflicht jeder Familie, ihre Toten selbst zu waschen und anzuziehen. Der Sarg hat einen gläsernen Deckel, damit jeder von Angesicht zu Angesicht Abschied nehmen kann und es wird die Nacht hindurch gebetet. Am nächsten Tag wird unter großer Anteilnahme der Sarg - nun mit Holzdeckel - in einer Wandnische sofort eingemauert. Diese Nischen kennen wir auch in Europa, vornehmlich in Spanien auf den Kanaren. Reichlich bunter Schmuck und Blumen, sowie Lieblingsgerichte und bevorzugte Getränke werden vor das Grab gestellt. Anschließend wird neun Tage immer um die gleiche Zeit gebetet, bis dann am zehnten Tag eine grandiose Fiesta die Trauerzeit beendet. Und jedes Jahr feiern die Angehörigen mit Fröhlichkeit, Musikbegleitung sowie Essen und Trinken am Grab.

In ganz Indien ist es bei den Hindu üblich, die Toten zu verbrennen. Fünfmal wird die Feuerstelle umrundet, bevor das Feuer entzündet wird. Bei Männern am Kopfende, bei Frauen am Fußende. Es ist der Respekt vor den Elementen Wasser, Feuer, Erde, Luft und Kosmos.

Auf Westguinea wiederum werden, wenn es auch mittlerweile verboten ist, immer noch verstorbene Häuptlinge über dem Feuer getrocknet und leben ständig in der Gemeinschaft als Mumie weiter. Normale Sterbliche werden verbrannt. Wenn ein Mann stirbt, werden ebenfalls in manchen Gegenden den Frauen und Kindern zum besänftigen der

Geister und aus Achtung vor dem Toten ein Fingerglied abgehackt und mit verbrannt.

In Tibet gibt es die sogenannte Himmelsbestattung. Der Boden ist großteils gefroren, Brennholz ist rar und Holz zu wertvoll, um es für Särge zu verschleudern. Also ist man zu praktischen Maßnahmen übergegangen. So werden die Toten nach einer Wartezeit von vier Tagen und unter vielen Gebeten und Mantren zu einem Begräbnisplatz gebracht, wo schon die Geier warten.

Der Leichnam wird geöffnet, um den Vögeln Arbeit zu erleichtern. Nachdem die Geier einen Großteil gefressen haben, werden die Überreste zerstückelt, der Schädel gespalten und geröstete Gerste (Tsampamehl) darüber gestreut. Die Geier erledigen den Rest, und dafür bringen diese auch die Seele des Verstorbenen in den Himmel.

In Benin wiederum ist jeder fünfte Einwohner Anhänger der Voodoo Religion. Diese glauben nicht an einen natürlichen Tod. Bevor nun der Verstorbene beerdigt wird, kommt der Voodoo- Priester, opfert ein Huhn, welches vorher noch mit Reis und Palmwein gefüttert wurde. Dann versucht er, mit dem Toten in Kontakt zu treten um zu erfahren, wer ihn getötet hat und mit teuer bezahlten Beschwörungsformeln kann dann die Seele so viel Kraft schöpfen, dass sie ihrerseits wieder den „Mörder" töten kann.

Beerdigungsriten in Japan sind hauptsächlich buddhistisch. Der Tote wird, in ein weißes Totenhemd gekleidet, mit dem Kopf nach Norden aufgebahrt, sechs Münzen werden beigelegt, um den Fährmann zu bezahlen, der ihn über den Fluss der Unterwelt bringt. Der Sarg wird von allen Trauernden gemeinsam zugenagelt, bevor er verbrannt wird. Vorher wird aber im Haus des Verstorbenen ein oft protziger Altar aufgebaut, und die Trauerfeier dauert die ganze Nacht über. Die Trauergäste hinterlegen Geldscheine, denn ein durchschnittliches Begräbnis kostet rund siebzehntausend Euro. Die Spender erhalten je nach Trauerzeit die Hälfte ihrer Spende in Form von Gegengeschenken zurück.

Übliche Särge sind für Ghanesen einfallslos. In Ghana geben die Menschen gerne ein Viertel ihres Jahreseinkommens aus, um den Toten zu huldigen. Immerhin bis zu fünfhundert Euro. Diese kommen in einen Phantasiesarg, sei es ein Auto, eine Flasche, ein Schiff, eine Frucht oder ein Tier, was eben einem Lieblingsgegenstand des Verstorbenen entsprach.

Und auf Madagaskar werden die Toten alle paar Jahre wieder ausgegraben, in frische Tücher gehüllt, und das ganze Dorf tanzt mit ihnen. So werden die Ahnen geehrt und respektiert. Dieser Brauch, Famadihana genannt, ist für die Familie ein teurer Spass, auf den sie lange sparen muss, denn die Spendengelder der Feiergäste reichen nicht aus, um Musik, üppiges Festessen und reichlich Alkohol zu bezahlen. Anschließend werden die Verstorbenen wieder eingegraben, um sie nach einigen Jahren wieder zum Tanz zu bitten.

TEIL 1

Er håt an åbgang gmåcht, er håt de Påtschn gsch-
dreckt, er håt a Bankl grissn, er håt si niedaglegt;

Er håt de Erdäpfeln vo unt augaschaut, håt se
sozusågn ins Holzpyjama ghaut.

Er håt de Bock aufgstöt, er håt an Huaf augsågt,

er håt se D`schleifn gebm, er håt se stumm
gmåcht. Er is umegståndn, er håts umebogn, er is
ois årme Sö zum Petrus aufegflogn.

Er håt se åbeglåssn, wia des so sche haßt, er is
nåchschaun gaunga ob da Deckl passt.

Zerscht haums eahm aussetrågn mit de Fiass vo-
ran, jetzt låcht er se stått die Madln d`Würmer ån.

Oba Leitln nehmts es ned so schwer,

denn glaubts mas wåchsn tuat er nimma mehr.

Wäu oans is kloar, des is ka Schmäh, s`woa bessa
so, heast glaubts mas eh.

Wäu jetzt tuat eahm, bei meiner Sö, ka Bah mehr
weh.

*Roland Neuwirth und die Extremschrammeln (*6)*

ÜBER DAS STERBEN UND DEN TOD

Der Österreicher, und hier im Besonderen der Wiener, hat ein ganz spezielles Verhältnis zum Sterben und zum Tod. Das fängt an beim „Lieben Augustin", einem äußerst trinkfesten Bänkelsänger, der mit gewaltigem Rausch einschlief und für tot gehalten wurde. Im Jahr 1796 wütet die Pest in Europa und machte auch vor Wien nicht Halt. Zusammen mit anderen aufgefundenen und abgeholten toten Pestopfern wurde der Barde in Ermangelung von Einzelgräbern in eine tiefe Sammelgrube geworfen. Am nächsten Morgen wachte er auf und wartete seelenruhig darauf, dass die nächste Ladung mit Pesttoten kommt und ihn die Fuhrwerker aus seiner misslichen Lage befreien. Ein freches Liedlein singend und zum Erstaunen aller feierte er fröhliche Urständ. Und gleich war er auch wieder durstig. In vielen Wienerliedern ist immer wieder auch der Tod mit dabei, egal ob mit oder ohne letztes Glaserl Wein.

Und so geht es weiter bis zum Gassenhauer von Wolfgang Ambros „Zentralfriedhof" - Es lebe der Zentralfriedhof und ålle seine Toten - oder Ludwig Hirsch`s „Dunkelgraue Lieder" - I lieg am Ruckn und stier mit zuagmåchte Augen in de Finsternis, und „Kumm, großer schwoaza Vogl". Der Hang zum Morbiden ist unbestreitbar und vielfach im Liedgut verewigt.

Friedhöfe als Besichtigungsstätten bei Stadtrundfahrten sind mittlerweile obligate Haltestellen wie jene vor Einkaufszentren oder Botanischen Gärten und der Reisende besucht Judenfriedhöfe und Heldenfriedhöfe gleichermaßen wie orthodoxe Grabstätten und Gräberfelder der Unbekannten. Und alle diese verschiedenen Plätze haben ihren eigenen Charakter, ihr eigenes Flair und typisches Aussehen. Berühmte Friedhöfe wie Mailand mit seinen herausragenden Skulpturen, der „Fröhliche Friedhof" von Sapanta in Rumänien mit bunten Gemälden und kunstvollen Schnitzereien, Ausflugsziele wie der

„Lustige Friedhof" in Kramsach in Tirol ohne Tote, dafür mit markigen Sprüchen - „Adele starb mit siebzehn Jahr, just als sie zu gebrauchen war" - auf den Grabkreuzen sind genau so beliebt wie ein Studium von österreichischen Grabinschriften wie

„Fleischermeistersgattin", „Hausbesitzerstochter" oder „K&K Oberlokomotivführer i. R.". Machen Sie einmal einen Spaziergang und schauen Sie sich die verschiedenen alteInschriften an. So manche sind zum Schmunzeln.

Eine Führung durch den Wiener Zentralfriedhof gehört beispielsweise zu den meistbesuchten Touristenattraktionen. Verschiedene Religionen haben hier ihre eigenen Abteilungen und etliche Berühmtheiten aus Film, Theater, Musik und andere sind hier in diesem mehr als zwei Quadratkilometer großen Friedhof in einem besonderen Abschnitt zur letzten Ruhe bestattet, und dem Wiener selbst geht nichts über „a schene Leich". Die Anzahl der Kränze, die ein frisches Grab schmücken, geben immer noch den Grad der Wichtigkeit des Verstorbenen vor.

Gar nicht mehr selten sind Bestatter, welche mit besonderen Diensten werben. Hochglänzende Särge aus edelsten exotischen Hölzern, mit Airbrushmotiven oder Einlegearbeiten versehene werden angeboten. Eine Offerte hier im fünfstelligen Eurobereich zu finden ist nicht schwer. Überführungen in Luxusautos wie Maserati, Rolls Royce und sogar Stretch Limousine, aber auch in prachtvollen Kutschen, gezogen von vier bis sechs Pferden sind immer öfters anzutreffen.

Mittlerweile tauchen Agenturen auf, die eine Marktlücke entdeckten und Begräbnis und Zehrung zum modischen Event erheben, sodass weniger der Verstorbene, sondern vielmehr das Ereignis des Feierns und die Trauernden im Mittelpunkt stehen. Wie bei Hochzeiten wird hier den Lebenden bedeutend mehr Aufmerksamkeit als den Toten geschenkt und die Feier gipfelt schließlich in einem mehrgängigen Menü, natürlich von Spitzenköchen oder namhaften Cateringunternehmen geliefert und mit passender Weinbegleitung gekrönt.

Protzige, von berühmten Designern geplante Ruhestätten finden wir mittlerweile fast genau so häufig wie schlichte und trotzdem geschmackvolle Gräber.

Eventbestatter. Als ob nicht ein Familienmitglied mit dem Bestatter zusammen ein würdiges Begräbnis planen könnte. Die eigene Eitelkeit wird hier nicht selten wichtiger genommen als echte Anteilnahme. Vielfach bemerkt der aufmerksame Beobachter später, dass im Gegensatz dazu nach einem Jahr oder länger noch immer das provisorische Kreuz auf dem vernachlässigten Grabhügel ein kümmerliches Dasein fristet, unbeachtet und traurig.

Professionelle Trauerredner sind eine andere Sache. Ich kenne Schauspieler, die am Theater nicht immer ausgelastet sind und als Trauerredner arbeiten. Der Sohn eines Freundes ist mit seinen wunderbaren Reden so gefragt, dass er überlegt, den Theaterberuf ganz an den Nagel zu hängen. Nicht jeder Mensch ist fähig, einen Nachruf zu verfassen und dann auch zu halten.

Wer, wie man so sagt, nah am Wasser gebaut ist, sollte diese Versuche lieber gleich bleiben lassen. Auch ich versuchte aus diesem Grund so manche Ansprache zu vermeiden, was nicht immer gelang, denn oft wollten es die Trauernden ausdrücklich. Sie machen das so schön, bitte, hörte ich des Öfteren. Gerade bei Angehörigen spielt die Emotion gerne einen Streich und ich erlebte etliche Reden, bei denen der Vortragende von den eigenen Gefühlen überwältigt wurde und die Ansprache in stotterndem, schluchzendem und unverständlichem Gestammel vorzeitig endete.

Dann gibt es Menschen, welche liebend gerne an Begräbnisse teilnehmen, die kaum eine Verabschiedung auslassen, und es gibt Menschen, die Totenbilder sammeln. In unserer Stadt hatten wir von jeder Sorte einen. Es war amüsant, wie sich die zwei bei Gesprächen am samstäglichen Stammtisch um das eine oder andere

Begräbnis in der Betrachtung unterschieden.

Da war zum einen der Frisör, der ungefähr vierzig Jahre lang diese Bilder penibel in Alben verwahrte und nach Namen und Datum katalogisierte. Frisöre waren schon immer Anlaufstellen für Insiderwissen, Gerüchte und Tratsch. So war es naheliegend, dass er gerne um Auskunft gebeten wurde. Fragen, wann jemand gestorben war, konnte er binnen kürzester Zeit beantworten, musste er doch nur in seinen Ordnern nachblättern. Bei der Gemeinde hätte man mindestens einen Tag warten müssen. Er wusste auch immer die Todesursache, zumindest wollte er uns das glaubhaft machen. Etwas vorsichtiger war bei seinen Äußerungen nur im Beisein eines Zunftmitgliedes. Unserer Bestattung drängte er diese Sammlung auf, als er in eine andere Stadt zog und kein Interesse mehr daran hatte. Warum er all die Jahre die Bilder gesammelt hatte, wusste er selbst nicht mehr. Es war ihm einfach zur lieben Gewohnheit geworden.

Der Begräbnisgeher, ein Briefträger, war ihm ähnlich. Dem ging es aber in erster Linie darum, zur

Zehrung eingeladen zu werden. Sein dunkler Anzug hatte schon besserer Zeiten gesehen, und die geblümte Krawatte passte selten zu seinen karierten Hemden. Einen entfernten Verwandten spielte er leidenschaftlich und gekonnt. Sein Repertoire war bühnenreif und im allgemeinen Wirbel wollte ohnehin kaum jemand Näheres über ihn wissen. Auf einen mehr oder weniger kommt es auch nicht mehr, argumentierten die Trauernden, und so saß er häufig frischfröhlich bei den Gästen und unterhielt sie mit Schnurren anderer Begräbnisse. Er erinnerte sich fast an jedes Mahl, was eigentlich keine Kunst war, denn durchwegs gab es das besagte Rindfleisch mit Semmelkren. Er erinnerte sich daran, wie es in den unterschiedlichen Gasthäusern schmeckte, und auch, ob es nur eines oder mehrere Getränke gab. Bei Wetten, die sich um Jahr oder Monat eines Begräbnisses von Bekannten drehte, gewann er zu neunzig Prozent. Sein Gedächtnis dafür war überdurchschnittlich, auch ohne dafür nachschauen zu müssen. Dagegen vergaß er recht gerne, wenn er gerade in Verlegenheit war, wie er sich ausdrückte, einen geliehenen Geldschein zurückzugeben.

Jemand sagte einmal, dass das Sterben bereits mit der Geburt jedes Lebens beginnt, folglich auch unserer Spezies, des menschlichen Wesens. So gesehen ist Leben und Tod das Gleiche.

In der Jugend verschwenden wir keinen Gedanken daran, wir wollen leben und genießen. Wir wollen das Sterben lange Zeit nicht wahrhaben, ja geradezu verdrängen, obwohl wir täglich mit wohligem Schauer unzählige Krimis schauen, wo es von Toten – ausgedacht von fantasievollen Autoren, perfekt umgesetzt von Schminkspezialisten und gestorben auf die vielfältigste Art, von versehentlich bis subtil oder brutal – geradezu wimmelt. Als ob die Welt nur noch aus grausamen Sadisten oder menschenfressenden Aliens besteht. Dann wird penibel aufgelistet, auf wie viele Tote es der Film gebracht hat. Das hängt offensichtlich damit zusammen, dass es nur Kino ist. Wir wissen, das Blut, und wenn es in Superzeitlupe noch so effektvoll spritzt, ist nicht echt, die Waffen sind Attrappen, die Kugeln Platzpatronen, die perfekt nachgestellten Verletzungen aus Knetmasse und Silikon. Die Schauspieler spielen nach Anweisung, die Bösen kommen hinter Gitter oder auch um. In einem anderen Film sind sie dafür die Guten, die Helden, die Liebenden, die Erfolgreichen und Ehrbaren.

Die Berichte über die echten Toten, Tote der nicht enden wollenden Kriege, Vergewaltigungs- und Folteropfer, Tote der Hungerkatastrophen, der Überschwemmungen, der Erdbeben. Krankheiten, Epidemien, Flüchtlingsopfer, Drogentote, Verkehrsopfer, Unfälle jeder Art, Selbsttötungen, die gezielte Tötung ungeborenen oder gerade erst geborenen Lebens bis zur aktiven Sterbehilfe müssen wir nicht sehen. Die oft noch weitaus brutalere und abscheulichere Wirklichkeit wird gerne ausgeklammert und nicht so detailliert gezeigt, denn solche Bilder – abgesehen von einigen wenigen Fotos preisgekrönter Starreporter oder rückblickenden Dokumentationen – sind dem werten Publikum nicht zumutbar.

Diese grausame Wirklichkeit sehen nur wenige. Ärzte, Polizisten, Feuerwehrleute und Bestatter gehören dazu.

Wobei, es stimmt nicht immer. Die Unsitte der Handyfotos oder Videos zu jeder noch so unpassenden Gelegenheit greift leider immer mehr um sich. Anschließend werden diese im Netz publik gemacht, damit der sensationsgeile Betrachter noch seine Kommentare dazu abgeben kann. Widerlich und pietätslos.

Der Tod ist facettenreich und nahe, er begleitet uns täglich, stündlich, minütlich. Es gibt so viele verschiedene Arten des Ablebens, und genau so vielfältig sind die Ausdrücke dafür, besonders hier in Österreich. Ungeachtet der verschiedene Namen, der Endeffekt ist der gleiche. Gevatter, Sensenmann, Knochenmann, Schlafes Bruder, Gott oder der Teufel hat jemand geholt sind einige davon. Auch das Sterben bedient sich der unterschiedlichsten Ausdrücke. Gestorben, tödlich verunglückt, abgestürzt, erschossen, erstochen, erschlagen, erwürgt, aufgehängt. Den Löffel abgeben, die Radieschen von unten anschauen, die Patschen strecken oder aufstellen, ins Gras beißen, in die ewigen Jagdgründe eingehen, den Geist aufgeben, abnippeln, schlicht und gewöhnlich hin werden, abkratzen oder bei einem Verkehrsunfall „dersteßn".

Treffen wird es jeden von uns, das Ablaufdatum ist uns vorbestimmt, die Sollbruchstelle eingebaut. Zufälle gibt es nicht. Da gibt es kein Entrinnen, auch wenn manche meinen, durch Schockgefrieren bei minus zweihundert Grad oder mehr wieder ins Leben zurückzukommen, wenn das Wundermittel in naher oder ferner Zukunft gefunden wird. Hier ist außer satten Spesen nichts gewesen. Tot ist tot, Frankenstein bleibt Fiktion. Und das ist gut so. Wenn Herz und Gehirn die Arbeit einstellen, dann helfen auch keine Maschinen mehr, und wenn man sich noch so viel Mühe gibt. Und ich wiederhole, wir schieben diese Gedanken von uns weg. Je jünger wir sind, desto ferner sind sie, weit schieben wir sie von uns, in der irrigen Meinung, dass wir auf diese Weise dem unentrinnbaren Schicksal entfliehen könnten.

Freilich, wir werden älter, die ersten Menschen wurden kaum mehr als fünfundzwanzig Jahre alt. Heute liegt die Lebenserwartung bereits bei weit über Siebzig und stieg alleine in den letzten fünfzig Jahren weltweit um fast zwanzig Jahre, in Europa gab es noch nie so viele Neunzigjährige, und die Kurve zeigt nach wie vor kontinuierlich nach oben. Hundert Jahre alt zu werden ist keine Seltenheit mehr.

Ungeachtet der vielen gelebten Jahre werden wir uns erst im Alter der Vergänglichkeit bewusst, irgendwann kommt mit aller Deutlichkeit der Tag näher, wo wir uns stellen müssen.

Der Tod kommt trotzdem immer – oder zumindest meistens - noch zu früh, auch wenn ihn viele unheilbar Kranke herbei sehnen.

Die ausgleichende Gerechtigkeit trifft jeden, der Traum vom ewigen Leben ist ausgeträumt.

Welche Lücke wir in der kurzen Zeitspanne unseres für uns scheinbar so wichtigen Lebens hinterlassen, ist maximal den Geschichtsbüchern zu entnehmen. Bei bald acht Milliarden Menschen auf unserem Planeten ist auch die Zahl derer, die das schaffen, verschwindend gering.

Trotzdem hat jeder Mensch eine Geschichte, unwichtig, banal, bedeutungslos für andere, selten aber für die unmittelbare Umgebung oder die Familie, aus der er kommt. Es wird jemand da sein, der ihn beweint, um ihn trauert. Oft nur für einen kurzen Augenblick in dem Moment, in dem die Todesnachricht überbracht wird, unmittelbar miterlebt, persönlich überbracht, schriftlich oder aus den Medien.

Wenn wir einen dieser Verstorbenen womöglich selber kannten, sei es innerhalb der Familie, der

Verwandtschaft, des Freundeskreises oder einer zufälligen Begegnung, sei es eine bekannte, beliebte oder verachtete Persönlichkeit, dann halten wir für genau diesen einen Moment inne, leiden, trauern, bedauern den Fortgang dieses Menschen. Manchmal sind wir auch froh, dass es jemand, wie in so einem Fall gerne formuliert wird, erwischt hat. Und wenn dem Tod ein langes, elendes Leiden vorangegangen war, dann reden wir davon, dass der Verstorbene es sich verbessern konnte. Wir aber leben noch, hurra! Schieben wir die trüben Gedanken fort.

Selbstverständlich hat jeder Mensch das Recht auf sein Dasein, genauso wie er das Recht auf ein den Umständen nach würdiges Ableben hat. Laut, still, ruhig oder heftig, der Geburt nicht unähnlich.

Die Kirche – und nicht nur die - lehrt uns, dass wir im Tod alle gleich sind. Asche zu Asche, Staub zu Staub. Und so hat im Sterben viele eine plötzliche religiöse Überzeugung getroffen, die zeitlebens weggeschoben oder geleugnet wurde.

Dazu sind auch keine Nahtoderlebnisse notwendig. Beim Sterben wird so manchem der Herrgott auch auf einmal recht, man weiß ja nicht, ob nicht doch jemand im Jenseits darauf wartet und über unser Leben Rechenschaft fordert.

TEIL 2

Über einem Friedhofseingang las ich einmal diesen Spruch.

Wir waren, was Ihr seid,

Ihr werdet, was wir sind.

Deshalb soll dieser letzte Gang des Verstorbenen ehrfürchtig und sensibel begleitet werden. Dabei spielt das Wie der Begleitung keine Rolle, pompös oder im kleinsten Kreis, feierlich oder fröhlich, ganz in Schwarz oder Bunt, rührselig und still oder wehklagend und laut, egal, wie einfach oder prunkvoll die Grabstätte später sein mag.

Und der Bestatter kann ein Gutteil dazu beitragen, dass dieser letzte Gang in erster Linie im Sinne der Verstorbenen und dann erst der Hinterbliebenen würdig gelingt.

Und von diesem Beruf soll hier berichtet werden. Traurig, brutal, schrecklich, schockierend, besinnlich, spannend, skurril, aber auch das eine oder andere Mal mit einem versteckten Lachen.

Bis auf einige Begräbnisse innerhalb der engeren Verwandtschaft oder guten Freunden hatte ich noch nie mit Toten oder dem Tod zu tun.

In bestimmter Erinnerung bleibt lediglich die abschließende Zehrung, welche durchwegs begleitet wurde von Nudelsuppe, Rindfleisch und Semmelkren, Briochekipferl und Kaffee, der Kaisersemmel mit Kümmel als Bschoadbinkerl (*7), den ernsthaften Versuche und Beteuerungen, sich doch öfter zu treffen als nur zu Hochzeiten, die viel zu selten stattfanden, oder zu Begräbnissen mit dem Hinweis des nicht Wissens, wie lange wir noch lebend zusammenkommen werden. Lustige Anekdoten der Verblichenen dürfen nicht fehlen, meistens eingeleitet von „Erinnert ihr euch noch an...?" und enden in einem Seufzer. Fast jeder kann etwas dazu beitragen, und so wähnt man sich eher bei einer fröhlichen Familienfeier denn am Totengedenken.

„Der/die hätte eine Freude, wenn er/sie uns jetzt so sehen könnte, das würde dem/ihr gefallen." Dann wird noch mehrmals kräftig auf das Wohl des hoffentlich in den Himmel Aufgefahrenen angestoßen. Ich erinnere mich an ein Begräbnis, bei dem gegen Ende der Zehrung einige der Trauergäste aus der engeren Verwandtschaft die noch anwesenden Musiker aufforderten, doch zum Tanz aufzuspielen. Des Guten ein wenig gar zu viel aber als Verdrängung irgendwie verständlich.

Seltener aber war es eine Hochzeit, eine Taufe oder ein runder Geburtstag, meistens war es ein Begräbnis, das uns wieder zusammenführte.

DER BEGINN

Ich erinnere mich noch recht gut an den Tag, an dem mich Ernstl Walderer, der örtliche Bestatter, der auch ein hervorragender Möbeltischler war und die Einrichtung meiner Wohnung angefertigt hatte, anrief.

Auf dem riesigen alt und rissig gewordenen, aber stets gut gepflegten und geölten hölzernen Firmenschild an der Werkstattwand, welches er seit seiner Kindheit kannte und aus Nostalgie behielt, konnte man als einst mit schöner gotischer Schrift eingekerbten Buchstaben

Ernst Walderer – seit 1878 Meisterbetrieb nach Maß - Edles Mobilar Wagner und Tischler

Sargmacher und Bestattungsunternehmen

lesen. Die Sargtischlerei war jedoch längst vergessen und Geschichte, denn mit Fabriken, die Särge in jeder Größe, Form, Ausstattung und Preisklasse herstellten, konnte er schon lange nicht mehr konkurrieren. Die Bandbreite vom einfachen Verbrennungssarg hin bis zum aufwändigsten Sarg aus edelsten Hölzern mit Verzierungen, Intarsien und vergoldeten Beschlägen konnte er einfach nicht bieten.

Walderers Vater Ernst, früh verwitwet, war wie schon dessen Vater vor ihm Wagner und Bestatter mit eigener Sargtischlerei. Die von ihm hergestellten Särge fielen am ehesten in die Kategorie „Kiste" oder „spartanisch".

„Wegen die zehn Brettln brauchts koan Aufstand ned mâchen, die halten alleweil no länger als ihr", war seine Begründung. Und gar „Edle Möbel", wie auf dem Firmenschild zu lesen war, stellte er im Sinne des Wortes nicht her, aber in dieser damals recht ländlichen Umgebung war es auch kaum nötig. Meist handelte es sich um Ausbesserungsarbeiten und Reparaturen. Neunfertigungen von Türen, Holzrädern, Bänken, Tischen, Anrichten, Kommoden und Bettgestellen waren eher selten, da die Möbel zu jener Zeit lange von Generation zu Generation weitergegeben wurden. Die Kundschaft war zu seiner Zeit leicht zufriedengestellt, und bei etwaigen Unzulänglichkeiten und seltenen Beanstandungen setzte man sich zusammen und löste das Problem friedlich bei Most, Speck und Brot und einem oder mehreren Schnäpsen. Wenn das nicht half, war der vorgebrachte Verweis auf die oft recht schnell benötigte Bestattung durchwegs hilfreich.

Der alte Walderer war ein etwas krummer, gerne polternder, schrulliger Mann, mit grauem, wallendem Bart bis zur Brust, ebensolchen wuchernden langen, vollen Haaren bis in den Nacken und roter, riesiger Knollennase vom vielen Most, wie er selber sagte. Ein kariertes Taschentuch von der Größe eines Geschirrtuches hatte er fast immer in seiner Pratze, denn ständig rannen Nase und die stark geröteten Augen. Trotzdem benötigte er selbst im hohen Alter immer noch keine Brille. Seinen speckigen Hut nahm er nur in der Kirche ab.

Man konnte von ihm nicht behaupten, dass er ein besonders gepflegtes Äußeres hatte, schon gar nicht wurde ihm besonderes Einfühlungsvermögen bescheinigt. Selten sah man ihn ohne seine grobe Arbeitskleidung. Nur an Sonntagen, wo sich die Bürger nach dem Kirchgang gerne im Wirtshaus zum Frühschoppen trafen, zog er sich um und trug einen hellen Trachtenanzug, auf den er sich wirklich schaute. Sobald ein Fleck darauf war, trug er ihn in die Reinigung. Ob das Hemd dazu passte, darauf nahm er keine Rücksicht. Krawatte band er sich keine um.

Der Walderer kam noch vor der Predigt, setzte sich auf seinen Stammplatz und war auch der letzte, der das Wirtshaus verließ, denn Sonntag war sein Tag. Hier blieb er zu Mittag, kochen war ohnehin nicht sein Metier. Sein Lieblingsgericht war saure Leber, im Prinzip war es ihm aber gleichgültig. Er aß, was ihm vorgesetzt wurde.

Die Gespräche mit den anderen Honoratioren, die wie er Sonntag für Sonntag in dieser Gaststätte Hof hielten, drehten sich um alles, was in letzter Zeit erwähnenswert war, aber nie um Geschäftliches und Politik. Fix vereinbart und Voraussetzung. Deshalb galt er als fröhlichster Stammtisch im Ort, und viele rissen sich darum, dazuzugehören. Der alte Ernst, man möchte es nicht glauben, spielte auch recht gerne und nicht einmal schlecht auf der Geige, was sich jemand, der seine abgearbeiteten und rissigen Hände kannte, kaum vorstellen konnte. Er brachte sich die Lieder, die er im ständig eingeschalteten Radio hörte, selber bei. Besonders, wenn sein älterer Bruder Sepp, der Förster, dabei war, ging es öfters hoch her. Der konnte nämlich Harmonika spielen und gut singen. So gaben sie immer einige Stücke und Gstanzln zum Besten. Oft musste der Wirt, auch das war fest vereinbart, die fröhliche Schar um Punkt zwölf hinauswerfen. Heim an den gedeckten Tisch, hieß es dann für die anderen. Sehr zu deren Leidwesen, aber der Krach zuhause verdürbe den Rest des Sonntags. Das lohnte sich doch nicht.

Fuchsteufelswild wurde Ernst nur, wenn er ausnahmsweise wegen einer Abholung eher ausrücken musste. Die Gäste wussten schon, wenn am Sonntag im Gasthaus das Telefon läutet, bedeutet es nichts Gutes. Denn entweder wurde der Stadtpolizist, der Feuerwehrkommandant oder der alte Walderer zum Einsatz gerufen.

„Ned amoi an an Sonntag håt ma sei Ruah, solln morgen sterben". Aber er war halt der einzige Bestatter. Dann zog Ernst noch einmal an seiner Vetschiner, trank in aller Gemütsruhe sein Viertel Rotwein – ja, am Sonntag trank er Rotwein anstatt des üblichen Mosts - aus und ging in seine Werkstatt gegenüber. Der Tote läuft nicht mehr davon. Praktisch, denn Kirche, Wirtshaus und sein Haus waren nur durch eine Straße getrennt. Erzählt und bestätigt wurde ebenfalls, dass er liebend gerne in seinen eigenen Särgen schlief, probeweise sozusagen.

Einer war bei diesem Sonntagstammtisch nicht dabei. Der Gemeindearzt Friedhelm Wieland, sein bester Freund. Das genaue Gegenteil zum alten Walderer. Schlank und mittelgroß, gepflegt, der Scheitel wie mit dem Lineal gezogen, die Augen wasserhell und ständig interessiert an allem, was vorging. Eine Respektsperson durch und durch, seinen Patienten begegnete er mit ausgesuchter Höflichkeit, was aber auf Gegenseitigkeit beruhte.

Sein Gang fiel durch leichtes Hinken auf, besonders bei wechselndem Wetter oder Vollmond, was wiederum zu Spekulationen Anlass gab. In die Stadt kam er mitten im zweiten Weltkrieg. Er war nie verheiratet. Ein Asket durch und durch, höflich und ruhig, aber schwer morphiumsüchtig. Anscheinend war die Beinverletzung der Grund dafür. Es wurde gemunkelt, dass Wieland einem alten Adelsgeschlecht entspross, bewiesen war es jedoch nicht und er selbst sprach nicht darüber oder lenkte Fragen danach in eine andere Richtung. Sein Privatleben umgab ein gewisses Geheimnis, welches er auch mit Hingabe zelebrierte.

In seiner Praxis hingen Andenken aus Nordafrika, Türkei, Indien und China, in den Regalen standen reihenweise neben Fachliteratur Bücher verschiedener Entdecker und Lexika. Wo er letztendlich wirklich überall war, was daran seiner Phantasie entsprang oder er einem seiner Bücher entnommen hatte, es war egal. Ein nachrechnen mancher Jahreszahlen und Ereignisse hätte genügt, um etwas mehr zu erfahren.

Doch in der Stadt kümmerte es niemanden. Da ihn jedermann nur mit Tropenanzug und Monokel, das Stethoskop wie eine Krawatte umgehängt, kannte, zweifelte im Grund genommen niemand an seinen knappen Erzählungen.

Wenn er zur Visite fuhr, trug er Autohandschuhe, passend zu seinem Arztkoffer aus Straußenleder. Um sein Auto, einen stets bestens gepflegten Cadillac, beneideten ihn viele, fuhr doch damals der Bürgermeister bloß einen Opel Kapitän aus zweiter Hand. Dennoch war er bei den Patienten sehr beliebt und geachtet, denn er war ein hervorragender Diagnostiker, wie selbst Fachärzte in den Spitälern gerne bestätigten. War es zu dieser Zeit noch verpönt, peinliche Fragen zu stellen, bei ihm genierte sich niemand. Außerdem war er ein Arzt, der nicht sofort die chemische Keule auspackte, sondern so oft es nur irgendwie möglich war, Naturheilmittel sehr erfolgreich einsetzte. Antibiotika verabreichte er nur im äußersten Notfall. Bei Impfungen jedoch kannte er kein Pardon. Ein glühender Verfechter, der immer darauf hinwies, welche Epidemien und Spätfolgen eintreten könnten, hatte er doch im Ausland zu viel an ansteckenden Krankheiten gesehen. Sein Hinken war, was am ehesten der Wahrheit entsprach, durch eine Kinderlähmung ausgelöst worden. Deshalb auch seine Affinität zur Impfung.

Wieland lag viel daran, seine Patienten gesund nachhause zu schicken als ewig den vierteljährlichen Krankenschein, so wie es andere Ärzte praktizierten, einzufordern. Mit Toten, sagte er immer, könne er keine Gespräche mehr führen. Wenn er dann zu einem Ablebensfall gerufen wurde, führte er bis spät in die neunzehnhundertfünfziger Jahre ab und an mit einer langen Nadel den sogenannten Herzstich durch, um absolut sicher zu sein, dass der Verblichene wirklich tot war.

Friedhelm und Ernst wurden am gleichen Tag geboren, der Arzt war vier Jahre älter, beide hörten mit dreiundsiebzig Jahren zu arbeiten auf starben mit einundachtzig. Was die so unterschiedlichen Freunde wirklich verband, darüber rätselten Außenstehende gerne. Diese wussten wenig von den stundenlangen Gesprächen um Gott und die Welt und ferne Länder, die Friedhelm aus eigener Anschauung kannte, Ernst nur durch einen uralten Atlas mit vielen weißen - weil unerforschten - Flecken auf den Landkarten. Eines seiner ganz wenigen Bücher. Walderer las auch nicht. Es sei ihm zu mühsam, sagte er auf diesbezügliche Fragen, selbst in Zeitungen schaute er nur äußerst selten.

Auch im Tod waren sie noch gleich. Sie legten sich wie gewöhnlich schlafen und wachten einfach nicht mehr auf. Die Freunde wurden, ihrem ausdrücklichen letzten Wunsch entsprechend, in die Innsbrucker Universitätsklinik überstellt, und nur in diese, damit aus den Studenten einmal etwas Gscheites wird, wie sie zu sagen pflegten.

„Jeden einzelnen Teil von mir sollens genau anschauen und zerlegen. Vielleicht findet einer ja auch die Seele." Wirklich gläubig war aber nur Friedhelm, der Arzt, obwohl sich Ernst eifrig beim Kirchenbau für die Pfarre engagierte und mit anpackte.

Nach dem Tod des Doktors war Walderer nicht mehr der Alte. Mit dem neuen Gemeindearzt und seinen modernen Methoden, wie er fand, kam er überhaupt nicht zurecht, und so holte er zwei Jahre später seinen Sohn zu Hilfe.

Ernstl, wie er seit seiner Kindheit gerufen wurde, der Sohn, war Tischler wie sein Vater, aber das war es fast schon an Gemeinsamkeiten. Bis auf die frappierende Ähnlichkeit. Der Junior war seinem Vater wie aus dem Gesicht geschnitten, die brünetten dichten Haare trug er ebenfalls ziemlich lang, nur die Knollennase war lange nicht so ausgeprägt. Und er war fast einsneunzig groß und schlank, wogegen der Alte um ein gutes Stück kleiner war und durch seine krumme Haltung noch kleiner wirkte. Und Ernstl war ruhig in seiner ganzen Art. Seine Stimme war leise, man musste schon aufpassen, um ihn zu verstehen. Ich hörte von ihm nie ein lautes Wort oder gar eine Schimpfkanonade, wie sie der alte Walderer oft von sich gab. So kam

er mit Dreiundvierzig zurück aus einer norddeut-
schen Großstadt, in der er seit dem Berufschulab-
gang lebte, als ihn der Vater nachhause rief, um die
elterliche Werkstatt mit der Bestattung zusammen
zu übernehmen. Sehr ungern, wie er damals sagte.
Ein kleiner Trost war, dass er als begeisterter Angler
ein schönes Revier, in dem er schon als Kind fischen
durfte, wieder in Anspruch nehmen konnte. Das
hatte ihm der Onkel Sepp, der Förster, versprochen.

Seine Jugendliebe Edith aber, die er von Kind-
heitstagen an kannte, später nachholte und heira-
tete, freute sich, wieder in die alte Heimat zurück-
zukehren. Sie wurde in Deutschland nie richtig hei-
misch. Beide legten Wert auf gute Kleidung, gute
Manieren und ein gepflegtes Äußeres, was der alte
Ernst überhaupt nicht nachempfinden konnte.
Denn seiner Meinung nach genügte ein Festtagsan-
zug und ansonsten die Arbeitskleidung.

Edith war eine hübsche, lebenslustige und hu-
morvolle Frau, die sich schon sehr früh sozial engagierte und froh über die neue Aufgabe war. Es war
für sie klar, dass sie sich hier einbrachte. Ernstls Ar-
beitgeber in Deutschland hatte vornehmlich exklu-
sive Kunden, wie sie hier kaum zu finden waren.
Außerdem war ihm der Vater etwas peinlich mit
seinem sonderbaren, derben Humor und Aussehen.
Es dauerte eine Weile, bis er sich daran und an das
Leben in der Kleinstadt gewöhnte, aber er fügte
sich. Er war der einzige Sohn und irgendwie gefiel

ihm die Aussicht, selbstständig und nicht mehr abhängig von anderen zu sein.

Und so wurde aus dem „Deutschen", wie ihn die Ortsansässigen nannten, rasch ein geachteter und beliebter Mitbürger.

Wohltuend nach dem Alten, in seiner ruhigen und höflichen, annähernd dialektfreien Umgangssprache. Die Gegensätze hätten nicht größer sein können.

Die alte Werkstatt war längst in einen modernen Schauraum umgewandelt worden.

Im Erdgeschoß stellte Ernstl einige wirklich außergewöhnliche Möbel aus, die er getischlert hatte und auf die er mit Recht stolz war. Trotz guten Kaufangeboten trennte er sich nicht davon. Eine fein geschwungene Vitrine aus ockerfarbenem Olivenholz mit italienischem Flair, die wunderbar in meine Wohnung gepasst hätte, aber leider unverkäuflich. Eine wunderschöne Essgruppe mit Ledersesseln und einem Hochglanzlacktisch, ein Wandverbau mit ausgesuchter Palisanderfurnier nach dänischer Art, ein ausgeklügelter Funktionsschrank für ein Büro. Ein Schlafzimmer aus Teak und andere Stücke, die sein Können repräsentierten. Was er besonders hervorhob, war, dass keines dieser Möbelstücke geschraubt wurden, sondern so raffiniert verzinkt, dass es ihnen kaum anzusehen war.

Die eigentliche Bestattung war im Oberstock, in den ein Aufzug führte. Der alte Walderer hatte diese Etage nur als Holz- und Sarglager benützt. Hier platzierte Ernstl Beispiele für die Aufbahrung, ausnehmend hübsch arrangiert mit Sarg, Blumenschmuck, Kerzenhalten und Kandelabern, natürlich mit echten Kerzen bestückt, aufgelistet in verschiedenen Preisklassen von einfach preiswert bis exklusiv aufwändig und teuer. Der schlichte Fichten- oder Lärchensarg – auch genannt die Zehnbretterkiste – vorgesehen für die schmale Börse oder für die Kremation. Robust aussehende Eichensärge, einmal glatt

und einmal gerundet, natur und gebeizt, die beiden meist verkauften Modelle. Daneben ein dunkel lackierter, matt satinierter, mit schönen Beschlägen versehener Sarg aus Kirschholz, und als Höhepunkt ein schwarzer, glanzpolierter Sarg mit Einlegearbeit nach Wunsch, wie ein Monogramm, Bild oder dergleichen.

Alle natürlich ausgelegt mit den dafür passenden Einlagen und Kissen. Der Blumenschmuck, und da legten Ernstl und seine Frau großen Wert darauf, war stets frisch, nur einige Dekorationsgehölze waren erst bei ganz genauer Betrachtung als nicht echt erkannt worden. Auch Sonderwünsche wurden, soweit es möglich war, gerne berücksichtigt. Ich erinnere mich an an einen Kunden, der unbedingt einen himmelblau mit weißen Wolken darauf lackierten Sarg wollte. Der wurde schließlich von einem befreundeten Autolackierer fertig gemacht.

Eine hellgrüne schlichte elegante Polstergruppe, in der mit der Kundschaft das kommende Begräbnis in Ruhe besprochen werden konnte, stand im Bereich des Obergeschoßes hinter einem Paravent. Dezent färbig die Wände, die Beleuchtung entsprechend hell, aber nicht grell. Kataloge mit Bildern von anderen Särgen und Arrangements lagen zur Einsicht auf.

Möglichkeiten und Muster diverser Parten und Totenbilder, unter denen man hier wählen konnte, genau so wie die zu dieser Zeit vermehrt aufkommenden Urnen in unterschiedlichen Farben und Design.

An den Wänden alte Ansichten von Werkstatt, Pferdegespannen mit Bestattungskutschen und wichtigen Begräbnissen aus der

Zeit seines Vaters, sowie einige Urkunden der Gemeinde und der Meisterbrief. Ernstl war sich sicher, dass der Alte lieber ständig hier in einem der Särge als in seinem Bett geschlafen hätte. Für die geschmackvolle Dekoration konnte Edith, die dafür zuständig war, leidenschaftlich Stunden damit zubringen, alles ins rechte Licht zu rücken.

Sie war aber viel mehr. Ansprechpartnerin für die Hinterbliebenen, nicht zuletzt, weil sie gut und unendlich geduldig zuhören und trösten konnte. Edith fand immer die richtigen Worte. Egal, zu wem sie gerufen wurde, sie war einfach da und hörte zu. Wertvoll für alle.

Besonders hilfreich waren die Gespräche mit Edith, wenn es um den Tod von Kindern ging. Sehr viel Zeit verbrachten trauernde Eltern bei ihr. Da durfte niemand stören, egal was passierte. Extra dafür verbrachte sie einige Zeit in einem Hospiz, um wirklich professionell helfen und trösten zu können. Enorm wichtig auch beim Loslassen, was für für viele Menschen das Schwierigste überhaupt ist. Manche brauchen dazu oft Jahre, die aber keinem nützen. Egal, ob vor oder nach dem Tod. Den Sterbenden loslassen für den Gang in eine andere Welt und loslassen als Vorbereitung für ein Leben ohne den Verstorbenen. Und dabei ist Loslassen lernen und können so extrem wichtig, und wenn es noch so schwerfällt.

Eines Tages rief mich Ernstl an und bat mich, in sein Büro zu kommen. Ich dachte an einen Auftrag.

Er aber kam ohne Umschweife zur Sache, nachdem er aus dem Kühlschrank zwei Flaschen Bier geholt und geöffnet hatte. Nach dem ersten Schluck fing er an.

„Richard, ich brauch dich bei mir in der Bestattung.

Mein wichtigster Helfer ist ausgefallen und kommt nicht mehr. Kannst und willst du nicht bei mir aushelfen. Du hast ohnehin in der kalten Jahreszeit in deiner kleinen Quetsche kaum etwas zu tun. Ist doch hauptsächlich im Sommer was los bei dir."

Direkt, wie es im Norden Deutschlands halt üblich ist.

Nur als kleine Information am Rande, ich war von Beruf Pflasterer und Brunnenbauer, also Schwerarbeiter, aber eine Arbeit für Schönwetter von Frühling bis Spätherbst.

Im ersten Moment war ich über dieses unverblümte Ansinnen erstaunt und wollte schon abwinken aber dann meinte ich, dass ich es mir überlegen wolle. Es handelt sich doch um den letzten Dienst, dem man einem Menschen erweisen kann. Eine Frage der Ethik. Aber warum kam er ausgerechnet auf mich?

„Weil du die nötige Kraft und das entsprechende Auftreten hast, weil wir im gleichen Chor singen, mir kein anderer dafür geeignet erscheint und einfällt und weil ich es will - genau deshalb. Außerdem bin ich schon pensionsreif und es ist ja nur" – das nur dehnte und betonte er besonders – „aushilfsweise. Und der Leichenwagen ist doch auch schön."

Das Auto – ein dafür präparierter Volvo - war ja wirklich sehr gut gepflegt, nach jedem Einsatz frisch gewaschen und auch technisch bestens gewartet. Es war drei Jahre alt, für ihn aber immer noch wie neu, denn mit dem betagten VW Bus vom alten Ernst, an dem er aus nostalgischen Gründen hing, wurden ausschließlich Kränze bei Begräbnissen gefahren. Sonst hatte der keine Verwendung mehr.

Ich sollte mich noch wundern. Zu diesem Zeitpunkt konnte ich doch nicht wissen, dass sich das „aushilfsweise" letztendlich auf das ganze Jahr verteilen würde, länger als zwölf Jahre, von 1987 bis weit hinein in das Jahr 2000.

Laut Statistik stirbt jährlich ungefähr ein Prozent der Bevölkerung. In einer Stadt mit einem Einzugsgebiet von gerade einmal zwölftausend Einwohnern sind das dann zwei bis maximal drei Personen pro Woche, die es zu bestatten gilt, wie ich überschlug. In genau so einer Stadt lebte ich.

Eigentlich wäre es leicht zu schaffen, und Abwechslung ist es auch, dachte ich mir. Außerdem müsste ich mich dann nicht jeden Winter erneut um eine Beschäftigung neben dem planen und vorbereiten für die nächste Saison umschauen.

Am nächsten Tag rief ich an und sagte, dass ich es wagen werde. Tote sind still. Sie haben keine Schmerzen mehr, sie bluten nicht, sie stöhnen nicht, sie schreien nicht, ganz im Gegensatz zu den Menschen, die auf rasche Hilfe von Feuerwehr, Sanitäter oder Notfallarzt angewiesen sind.

Ich habe größten Respekt und Achtung vor diesen Personen, die haben es nicht so leicht wie wir. Und trotzdem war darunter keiner, der mit mir tauschen wollte. Aber auch ich hätte einen Tausch ausgeschlagen.

So wurde ich Bestattungshelfer, ein richtiger Pomfüneberer. Arbeitsmantel, Mütze, Handschuhe, dunkelgrauer Anzug, weißes Hemd, schwarze Krawatte. Und ein Fläschchen konzentriertes Kampferöl. Wozu Kampferöl? Das würde ich früh genug merken, meinte Ernstl.

Sie dürfen mir glauben, bei dieser Tätigkeit geht es nicht um Geld. Der Verdienst als Bestattungshelfer ist beileibe nicht hoch, Taschengeld, mehr gibt es dazu nicht zu sagen. Denn wenn es nach der Bezahlung ginge, würden die Toten zuhause verkümmern.

Ich höre Sie schon sagen, dass ein Begräbnis unverhältnismäßig teuer ist, für das, dass der Verstorbene nichts mehr davon hat und spürt und Nutzen daraus ziehen könnte.(*8) Sie haben recht. Die Zeiten, wo ein Leichnam aus dem geöffneten Sargboden in die Grube fallen gelassen wurde, sind nicht nur offiziell seit dem Ende des neunzehnten Jahrhunderts endgültig vorbei. Arzt, Totenbeschau, eventuelle Überführungen, Parten,

Totenbilder, Zeitungsannoncen je nach Wichtigkeit, Sarg, Urne, Blumen und Kerzen, Bestatter mit vier bis sechs Helfern, Pfarrer, Verwaltungskosten des Magistrates, der Gemeinde, des Gesundheitsamtes, der Friedhofsverwaltung, Totengräber, Steinmetz, die Grabstätte und das Begräbnis selbst mit eventueller anschließender Zehrung. Ich pflichte Ihnen bei, es läppert sich zusammen, es kostet, und nicht wenig.

Je nach Aufwand kommt spielend ein fünfstelliger Eurobetrag zusammen.

Auch die derzeit so aktuellen Wald -, Wiesen- oder Fluss- und Seebegräbnisse kosten. Mittlerweile werden die aus gepresster Asche erzeugten Diamanten immer aktueller. Hier bietet speziell ein Schweizer Unternehmen seine besonderen Dienste an.

Meiner Meinung nach geht es hier aber um persönliche Befindlichkeiten auf der einen und ein Geschäftsmodell auf der anderen Seite. Ich persönlich bin kein Verfechter oder Befürworter dieser Art von Bestattung, denn – verzeihen Sie bitte meine private Meinung, Ihnen bleibt es natürlich unbenommen, welche Art von Begräbnis Sie bevorzugen.

Für mich ist nun einmal nur ein Friedhofsbesuch der Direktkontakt mit den Verstorbenen. Und nicht im Irgendwo. In einem Riesenpark, wo Sie den Baum nicht mehr ausfindig machen, unter dessen Wurzeln die Biourne vergraben wurde, ohne die kleinste Namenstafel? Auf jeden Fall gutes und leicht verdientes Geld für den Betreiber.

Die Asche in die Donau geschüttet – da kommt nichts mehr bis ins schwarze Meer, glauben Sie mir das.

Das Verstreuen in alle Winde - meinen Sie wirklich, der Staub fliegt bis Alaska oder Australien?

Die Ausreden, und noch einmal Entschuldigung, aber ich bleibe dabei – an ihn/sie denken kann ich überall – lasse ich schlecht gelten. Das ist meiner Erfahrung nach reine Ausflucht und Bequemlichkeit. Natürlich kann man bloß denken, aber es ist kein bewusstes Treffen, kein intimes Gedenken in vielleicht einseitigem Gespräch, oder stille Fragen, wenngleich ohne direkte und unmittelbare Antwort am Grab eines lieben Verstorbenen. Viele Menschen legen hier Sorgen oder Freuden ab. Selbst wenn es ein Friedhofsbesuch nur einmal im Jahr ist, und sei er noch so kurz, es ist gelebtes Innehalten.

Fragen Sie doch einmal Angehörige von Vermissten. Die gäben viel darum, wenn sie wenigstens wüssten, wo die Abgängigen sind. Ich habe das oft und oft in diversen Gespräch mit Betroffenen gehört und erfahren.

An dieser Stelle möchte ich auch erwähnen, dass jeder gut beraten ist, schon im jugendlichen Alter eine Sterbeversicherung abzuschließen, um wenigstens eine gewisse Absicherung im Todesfall zu haben und nicht den Hinterbliebenen all diese Kosten aufzubürden. Etliche tun es dennoch mit voller Genugtuung, bloß um denen eins auszuwischen. Die Prämien sind im Vergleich zur Leistung relativ gering, um wenigstens an dieser Stelle eine Lanze für Versicherungen zu brechen.

EINFÜHRUNG

Der Beruf des Leichenbestatters, wie es früher hieß, wobei ja der Ausdruck an sich schon falsch ist, denn ich wüsste nicht, was es außer Leichen sonst zu bestatten gäbe, hat noch immer einen, sagen wir mal anrüchigen Stellenwert in vielen Teilen der Bevölkerung. Und der Beruf eines Bestatters ist im wahrsten Sinn des Wortes anrüchig.

Oft genug meinten Leute aus gewissen Kreisen, sie könnten uns auf herablassende Art behandeln, wie man eben Schuhputzer oder Zeitungsausträger oder Geschirrwäscher behandelt. Als ob auch wir nach „Leiche" riechen würden. Wir trösteten uns damit, dass gerade diese Menschen auch „in unsere Gasse" kämen.

Aber andererseits erfuhren wir genauso oft Wertschätzung und Respekt.

Gerne werden Bestatter als „Leichenfledderer" oder "Leichenfladerer" (je nach Gegend) hingestellt, die sich im Wesentlichen an den Dahingeschiedenen bereichern. Man hat besser nichts mit diesen Leuten zu tun, sie werden vielerorts mehr oder weniger gemieden. Der Händedruck ist nicht selten nur äußerst zaghaft, denn sie könnten ja vorher einen Toten angegriffen haben. Man geht ihnen lieber aus dem Weg. Sie sind ein notwendiges Übel, aber wehe, sie würden sich verweigern.

Wie oft wir blöde angesprochen wurden, es ging bei einem Ohr hinein und beim anderen wieder hinaus. Aber keiner der dummen Sprücheklopfer wollte den Job übernehmen, bei dem man doch angeblich die Tausender nur so scheffeln und sich endlich den Porsche oder die Yacht leisten könne. Wir gaben dann gerne zu bedenken, dass der Tag vielleicht gar nicht so ferne ist, an dem wir schwarzgekleidet bei ihnen erscheinen werden. Meistens hörten sie dann zu stänkern auf. Niemals, wirklich niemals wollte jemand mit mir tauschen. Übrigens sind Bestatter und Totengräber zwei verschiedene Begriffe. Der Totengräber, meist Mitarbeiter der Gemeinde, hebt lediglich die Grabstätte aus und und schüttet sie nach dem Begräbnis wieder zu. Seltener und eher unüblich ist er Angestellter eines Steinmetzes oder Bestatters.

Vergessen sie die alten Geschichten vom „Totengräber" der Ohrringe, Halsketten und Goldzähne zum Sammeln abnahm und sie im Wirtshaus verscherbelte, ich habe keinen einzigen kennen gelernt. Es mag vor langer Zeit schon den einen oder anderen gegeben haben, doch reich wurde keiner davon. Ich kenne das Gegenteil. Selbst bei frisch ausgehobenen Grabstätten wurden Fundstücke von längst Verblichenen abgegeben.

Wir nahmen den Toten Schmuckstücke immer ab und gaben sie den Angehörigen. Den Verstorbenen nützten sie nichts mehr und Kinder, Enkel oder sonstige nahe Verwandte sollen sie lieber als Andenken behalten. Dieses Argument war einleuchtend und wurde nicht ausgeschlagen, auch wenn es zuerst hieß, dass es doch das Lieblingsstück war und er/sie es doch nie ablegte.

Zugegeben, einer meiner Kollegen, der gleichzeitig Angestellter der Gemeinde und auch - bis es schließlich maschinell gemacht wurde - zuständig für das Ausheben der Gräber war, hatte einige falsche Gebisse, die er „aushilfsweise, wenns Rindfleisch zu zäh ist" zur Aufheiterung dann gerne anbot und sie auf den Tisch legte.

„Such dir aus, welches dir passt". Mich wunderte es ja, dass es immer die oberen Zähne waren, die er parat hielt. Untere hatte er nie dabei und Kukident schon gar nicht. Warum sollte er auch. Einmal sah ich, dass jemand das Angebot annahm. Dem schmeckte danach - im Gegensatz zu seinen Tischgenossen - das Zehrungsessen gleich noch besser. Der Kollege erzählte auch gerne die Geschichte von Verstorbenen, die nach über dreißig Jahren noch so taufrisch im Sarg lagen, wie sie begraben wurden. Der Grund dafür war, dass ein Teil des Friedhofes dichten Lehmboden aufweist und im kalten Vakuum des Sarges keine Fäulnis aufkommt. Ohne Sauerstoff keine Verwesung.

Manche Friedhöfe werden deshalb sogar zwangsbelüftet. Mittlerweile wird in vielen Gemeinden bei der Neuerrichtung darauf Rücksicht genommen und Bodenproben genommen, bevor eine Genehmigung erteilt wird.

Nicht nur deshalb beschloss ich für mich eine Urnenbeisetzung, die ja mittlerweile - zumindest in den Städten – bei siebzig Prozent der Bestattungen liegt und immer noch im Steigen begriffen ist.

Schon beim Einschulungsgespräch wies mich Ernstl sehr eindringlich darauf hin, dass ich bei den geringsten Bedenken, zum Beispiel wenn ich von den Verstorbenen träumen würde, sofort aufhören könnte und müsste. Das klang für mich sehr erleichternd. Auf Distanz bleiben und nur nichts persönlich nehmen, schärfte er mir er bei jeder Gelegenheit mit Nachdruck ein.

Dieser, vielleicht sogar der wichtigste Punkt stellte sich als absolut notwendig und richtig heraus. Das handhaben Ärzte nicht anders. Sonst wäre der Beruf kaum auszuhalten.

Das gilt auch für andere Tätigkeiten.

Oder kennen sie gar einen Banker, Immobilienhändler oder Versicherer, dem ihr persönliches Problem nicht gleichgültig ist und wirklich am Herzen liegt, der sein Bestes für sie tut, sich Gedanken macht darüber, wenn Pleite oder Zahlungsunfähigkeit, egal aus welchen Gründen, drohen und sie unter Umständen Haus und Exsistenz verlieren? Der sich für sie bedingungslos einsetzt? Ich kenne keinen. So etwas gibt es nur in der Werbung. Der wartet höchstens darauf, dass sie pleite gehen, denn er hat mit Sicherheit schon einen Interessenten für günstige Häuser, Autos und Sonstiges. Dem ist es völlig egal, in welch misslicher Lage sie sich befinden. Hätte ich Mitleid mit jenen haben müssen, wenn sie im Sarg lagen?

Was er mir noch einbläute war, dass ich, egal wann ich nachhause käme, das Geschehene abschwemmen sollte, wie er es ausdrückte.

„Wenn der Einsatz zu Ende ist, dann lasse alles hinter dir. Ausziehen, duschen, vergessen. Merke dir das ein für alle Mal! Mit dem Arbeitsmantel ziehst du auch den Fall aus."

Er selbst schwemmte zusätzlich ganz gerne mit einem oder mehreren kräftigen Schlucken ab. Das hatte er praktisch vom alten Walderer „geerbt". Je nach Schwierigkeit und Umstand der Abholung, und schwierig und umständlich war es in seinen Augen recht häufig. Auf seinen silbernen Flachmann, gefüllt mit starkem Korn, als Erinnerung an die Zeit in Deutschland, vergaß er nie.

Ein besonderes Kapitel ist der bürokratische Aufwand. Wie heißt es doch?

Von der Wiege bis zur Bahre, Formulare, Formulare. Magistrat oder Gemeinde, Gesundheitsamt, Standesamt und die damals zusätzlich üblichen Stempelmarken, die fast immer in einer umliegenden Trafik besorgt werden mussten, kosteten oft Stunden.

Dieser Zeitaufwand war nicht unerheblich, doch Ernstl kannte die Beamten, besonders jene der näheren Umgebung, lange und gut. Jedem stellte er mich persönlich vor. So blieb mir später viel Wartezeit erspart.

Walderer war überhaupt für mich der Inbegriff des seriösen Bestatters. Behutsam wies er mich ein. Ich spürte, es war ihm ein Anliegen, dass ich mitmachte, und es war, als hätte er eine Vorahnung gehabt von dem, was kommen würde.

TEIL 3

VON ERSTEN SCHRITTEN ZUR ROUTINE

Zuerst kamen Fahrten ins Krankenhaus zu alten Leuten, denen man noch im Tod ansehen konnte, dass der Abtritt für sie eine Erlösung war.

Anfangs nur zuschauen und helfen, wie sie für den letzten Weg hergerichtet und angezogen werden, liebevoll und würdig.

Dieser Umgang gefiel mir und ich passte mich sehr schnell an. Der letzte Dienst am Menschen. Liebevoll und würdig, nie pietätlos, so soll es sein.

Danach folgten Abholungen aus Pflegeheimen, Altenheimen oder Seniorenresidenzen - damals hießen sie noch Altersheime - sowie die ersten Hausabholungen betagter Personen.

Falsche von echter Trauer zu unterscheiden, das ging recht schnell. Ob es den Angehörigen wirklich nahe ging oder bloß ein notwendiges Übel war, betroffen zu wirken, nach einem Dutzend Sterbefällen wusste ich es. Ein Vaterunser – still gebetet oder laut gesprochen - war trotzdem immer richtig, egal ob es sich um Christen, Andersgläubige oder Nichtgläubige handelte. Hier sträubte sich niemand. Wie ich schon erwähnte, im Antlitz des Todes werden viele demütig und gläubig, ich war es schon vorher.

Nur wenige Monate später deponierten und verlangten viele Todeskandidaten und deren Lieben, dass ich kommen müsse, wenn es mit ihnen einmal so weit wäre.

„Der Richard macht es am schönsten" hieß es. Da war ich schon ein wenig stolz darauf.

So verliefen die ersten Wochen, wo ich mich mit den Gegebenheiten vertraut machen konnte. Abholungen und die nötigen administrativen Erledigungen auf den Ämtern waren bald Routine. Mit Ernstl hatte ich ein sehr gutes Verhältnis, und die Kollegen, alle um einiges älter als ich, waren froh, einen kräftigen Helfer um sich zu haben. Stellen sie sich nur einmal enge, verwinkelte Stiegenhäuser vor, wo man mit keinem Sarg durchkommt und den Bergesack zu Hilfe nehmen muss, Verstorbene mit hundert oder hundertfünfzig Kilo, da sind Rückenschmerzen vorprogrammiert.

Dazu geschockte und trauernde Angehörige, die einem ständig im Wege stehen und meinen, die Toten spüren noch immer alles und schweben von alleine aus der Tür vom sechsten Stock und durchs Stiegenhaus hinunter zum Auto. So etwas schaut nur im Kino oder Fernsehen leicht aus, denn dort ist der Sarg leer.

Es gab ohnehin nur zwei Kollegen, die aber äußerst ungern und lediglich bei dringendem Bedarf Abholungen mitmachten, wenn Ernstl oder ich ausnahmsweise verhindert waren. Sonst war ihnen die Begleitung bei Begräbnissen genug. Wie den beiden anderen, die ebenfalls Aushilfe waren. Das heißt, mit dem Sarg von der Aufbahrungshalle in die Kirche und zurück zum Friedhof, den Sarg in die Grube ablassen, Kranz und Kreuz vorne weg tragen, Totenbilder austeilen.

ABHOLUNGEN

Schon normale Abholungen hatten es oft in sich. Meistens lag das Gewand, welches wir den Toten anziehen sollten, schon bereit. Aber dann fiel irgendwem ein, dass ein anderes Hemd oder ein anderes Sakko, wenn nicht gleich ein anderer Sarg angemessener wäre und wir das unbedingt tauschen müssten. Wenn nur irgendwie möglich, schickten wir Angehörige aus dem Sterbezimmer, um in Ruhe arbeiten zu können, was ab und an Unverständnis auslöste. Ständig im Weg stehende oder ununterbrochen redende, weinende und klagende Personen nerven einfach. Angehörige, die sich mit Händen und Füßen dagegen wehrten, dass der Verblichene in den Sarg gelegt wird. Sie hielten den Sargdeckel fest oder hinderten uns am Wegtragen. Einmal legte sich die Tochter einer Toten auf diese im Sarg und weigerte sich, aufzustehen. Sie wollte lebendig mit ihr begraben werden und wir sollten ruhig den Deckel darauflegen und zuschrauben. Hier waren Überzeugungskraft, Geduld und gute Worte nötig. Ab und an musste der Arzt zurückkommen und mit Beruhigungspillen oder Spritzen aushelfen.

Tote mit massivem Übergewicht, bei denen man Sondergrößen benötigt und der Deckel nur unter Aufbietung aller Kräfte zu schließen ist. Gelenke, die es auf Grund der Totenstarre gewaltsam zu biegen galt, damit der oder die Betreffende überhaupt in den Sarg passte.

Hinterbliebene, denen einfällt, dass auf jeden Fall noch ein Rosenkranz, eine Lieblingskrawatte, ein Familienfoto oder

Sonstiges den Verstorbenen begleiten müsse, obwohl der geschlossene Sarg schon im Leichenwagen zur Abfahrt bereit liegt. Ein Familienmitglied, das „jeden Moment" kommt und nach einer Stunde immer noch nicht da ist. Trotzdem ist es das unbedingte Recht der Hinterbliebenen, gebührend Abschied zu nehmen, bevor der Sarg im Auto verschwindet. Diese Zeit muss gestattet sein.

Brennende Kerzen, die unbeaufsichtigt einen Vorhang oder eine Zierdecke in Brand setzten, hatten wir ebenso etliche Male.

Und ab und an hatten wir mit Hinterbliebenen zu tun, die es kaum erwarten konnten, dass der Tote endlich aus dem Haus oder der Wohnung kommt, und denen die vorgeschriebenen vier Stunden Wartezeit (*9) schon zu lange waren. Aus den Augen, aus dem Sinn, so schnell als möglich. In manchen dieser Fälle zogen wir die Abholung gerne in die Länge und beten, waschen, anziehen und einsargen konnten reichlich über Gebühr dauern.

Erlebnisse der besonderen Art

Es ist immer wieder traurig, wenn jemand verstirbt, der niemandem abgeht oder fehlt. Und doch kommt es häufig vor, vor allem in den Wohnsilos der Großstädte, wo sich nicht einmal die unmittelbaren Nachbarn kennen und oftmaliger Wohnungswechsel an der Tagesordnung steht. Selbst in unserer Stadt, wo zumindest in den einzelnen Vierteln fast jeder jeden kennt. Ein älterer Mann, der zwei Wohnsitze hatte und sporadisch entweder hier oder im sonnigen Süden wohnte, war so ein Fall. Zeit seines Berufslebens war er Schichtarbeiter, und in der Pension war er ähnlich unsichtbar. Als ob er nicht existieren würde. Er lebte allein und beschäftigte sich hauptsächlich mit dem Sammeln von Briefmarken. Der Sammelclub, dem er wohl angehörte, war in

der Bezirkshauptstadt, und selbst diesen besuchte er nur selten. Da er an keine Jahreszeit gebunden war und nicht zur typischen Kategorie der Überwinterer zählte, fiel den Nachbarn nichts auf. Auch war er kein, wie man landläufig sagt, Wirtshausgeher und genauso wenig kamen Besucher zu ihm. Bei keinem Verein angemeldet noch einer Partei zugehörig. Keine wie immer gearteten Arztbesuche. Unauffällig wohnte er im obersten Stockwerk eines Mehrparteienhauses. Die übrigen sieben Bewohner wussten nie so recht, war er nun hier oder nicht. Kein Lärm, keine lautes Radio oder Fernsehen war von ihm zu hören. Er hatte kein Auto, kein

Zeitungsabonnement, Werbung war als unerwünscht am Briefkasten angegeben. Der Briefträger hatte nie Außergewöhnliches, die spärliche Post wurde in sein griechisches Domizil per Nachsendeauftrag geschickt. Wo und wann er einkaufen ging, blieb meist unbekannt. Auf eventuelle Fragen diesbezüglich hieß es höchstens, ja, man habe ihn schon länger nicht gesehen, aber bei dem weiß man ja nie, ob er da ist oder nicht. Auch von Angehörigen wusste niemand etwas.

Mitte Mai war der Rauchfangkehrer routinemäßig in dem Haus zur Arbeit. Auf sein Läuten hin wurde nicht geöffnet. Er sollte aber in der Wohnung, da eine der Kamintüren sich darin befand und er eine Dichtheitsprüfung machen musste. So hinterließ er eine Notiz, die er an die Tür steckte, mit der Bitte um Kontakt. Zwei Wochen später kam er wieder, da sich der Wohnungsbesitzer nicht gemeldet hatte. Der Zettel war immer noch in der Tür eingeklemmt. Da es sich aber um Dringliches handelte, schickte er eine Nachricht an die Adresse im Ausland. Wieder vergingen drei Wochen, und wiederum gab es keine Rückmeldung. Der Rauchfangkehrer schaltete Gemeinde und Polizei ein. Telefonate und Faxe mit den Behörden der griechischen Insel ergaben nur, dass der Rentner seit dem späteren Herbst nicht mehr gesehen wurde. Auch bei einer Verwandten, die man schließlich ausfindig gemacht hatte, hatte er sich schon lange Zeit nicht mehr gemeldet. Anfang Juli schließlich öffnete die

Polizei mit ihren Spezialwerkzeugen die Wohnungstüre. Der ältere Mann lag, mit einem Jogginganzug bekleidet, auf dem Teppich. Der Couchtisch war etwas verschoben, auf diesem stand ein kleiner nackter Christbaum mit unterschiedlich farbig blinkenden elektrischen Kerzen. Steinharte Kekse und eine eingetrocknete geschälte Mandarine lag in einer Schale, daneben eine geöffnete Flasche Weißwein, deren Inhalt fast verdunstet war, sowie ein umgefallenes Weinglas. Der Plattenteller des Grammophons auf einer Kommode drehte sich noch immer, der Arm mit der Nadel zum Absenken bereit. Eine Schallplatte mit Weihnachtsliedern obenauf. Im kleinen Schwedenofen lagen verbrannte Holzreste, die Heizung war ausgestellt.

Das, was uns am meisten wunderte, war, dass der sonst so typische Leichengeruch kaum vorhanden war. Erst als wir schon in der Wohnung waren, war ein leichter Geruch merkbar. Der Mann war fast mumifiziert. Wir rollten ihn auf die Bitte des Arztes hin, der so etwas bisher ebenfalls nicht kannte, vollständig in den Teppich ein und brachten ihn so zur Autopsie. Die Kälte des Winters hatte ihn komplett konserviert. Da die Jalousien heruntergelassen und die Vorhänge zugezogen waren, wurde es auch in der Wohnung nicht so warm, als er endlich gefunden wurde.

Ein Mann mittleren Alters war alleine in Urlaub gefahren und starb im Hotelzimmer an einem Herzinfarkt. Es war eine Abholung aus einem anderen Bundesland. Im Urlaubsort machten wir ihn für die Heimfahrt bereit. Ernstl und ich holten ihn aus der Kühlkammer des örtlichen Krankenhauses, zogen ihn an, sargten ihn ein und erledigten die üblichen Formalitäten, bevor wir ihn nachhause fuhren. Drei Tage später war das stille Begräbnis angesetzt. Zehrung gab es keine. Unmittelbar nach dem Begräbnis kamen Herbert und Walter, zwei Polizeibeamte von unserem Posten, auf uns zu. Sie hatten diskret auf das Ende der Zeremonie gewartet.

„Es liegt eine Anzeige gegen die Mitarbeiter der Bestattung vor, die den Mann holten. Richard, du warst doch sicher dabei." Herbert schaute mich fragend an.

„Ja, wieso, was ist los?" fragte ich.

„Bitte kommt mit auf den Posten. Hier dürfen wir nichts sagen. Und nein, es ist kein Witz." sagte er, als er mich lachen sah.

„Für uns aber sicher," meinte Ernstl, der gerade dazukam. Wir wurden beschuldigt, aus dem Sakko, das uns die Frau mit anderen Kleidungsstücken zusammen mitgegeben hatte,

fünftausend Schilling, die ganz bestimmt darin eingenäht waren, wie sie behauptete, gestohlen zu haben.

Die Anzeige wurde von der Witwe kurz vor ihrem Weg zur Totenmesse aufgegeben. Sie war angeblich erst zu diesem Zeitpunkt draufgekommen, in ihrer Aufregung und Trauer doch mehr als verständlich, wie sie meinte. Deshalb wollten die Beamten vor der Beerdigung nichts mehr unternehmen. Beim Begräbnis selbst war der Frau nichts anzumerken, sie hatte auch bei den Besuchen in unserem Büro nie Äußerungen in diese Richtung gemacht. Der Totengräber wollte gerade angefangen, die Grube zuzuschütten, als die Polizei eintraf. Wir mussten auf dem Posten bleiben, Vorschrift ist Vorschrift. Der Sarg wurde aus der Grube geholt und kam zurück in die Aufbahrungshalle.

Auch bei einer neuerlichen Befragung blieb sie bei ihrer Behauptung. Wir mussten unter Bewachung von einem telefonisch verständigten Kriminalbeamten und dem etwas bleich aussehenden Postenkommandanten der Leiche den Anzug ausziehen, denn die Polizisten weigerten sich, es zu tun.

Unserem Ansinnen, die Feuerwehr einzusetzen, weil wir doch unter Verdacht stünden, wurde nicht stattgegeben. Schließlich seien wir bekannt und es hätte noch nie etwas gegeben, im Gegenteil.

Eine herbeigerufene Schneidermeisterin wurde gebeten, sich die Kleidungsstücke genau anzusehen. Rasch konnte geklärt werden, dass am Sakko nichts manipuliert wurde und die Anschuldigungen haltlos waren. Dann war halt das Geld in der

Hose, behauptete die Witwe. Ja richtig, sie hatte es in die Hose eingenäht, fiel ihr plötzlich ein. Doch da war genau so wenig zu finden. Mit diesen Tatsachen konfrontiert, versuchte sie hysterisch, den Beamten ebenso die Schuld zu geben, und dass wir alle unter einer Decke steckten.

Daraufhin durchsuchte die Polizei die Wohnung der Dame. In keinem der Anzüge, die noch im Schrank hingen, war irgendwo eine Spur von Geld. Nach Androhung von Strafe und Anzeige wegen Verleumdung stellte sich schließlich die Wahrheit heraus. Die Frau wollte mit dem Märchen des Diebstahls wenigsten einen Teil der Kosten auf uns abwälzen. Schlussendlich kam sie das Begräbnis doch um vieles teurer, als sie es geplant hatte. Der Totengräber und Ernstl legten ihre Rechnungen.

Da diese Angelegenheit rasch die Runde in unserer kleinen Stadt machte und die Frau mit ihrer dummen Aktion genug blamiert war, ließ Ernstl ein Gegenanzeige fallen. Ich hatte mich zwar dafür ausgesprochen, aber er meinte in seiner ruhigen Art, dass weder er noch ich etwas davon hätten und die Frau genug

gestraft wäre mit ihren Lügen. Außerdem wüsste es mittlerweile jeder in der Stadt. Ich hätte ohnehin das unbedingte Vertrauen sowohl von ihm, der Polizei und auch das seiner Klienten. So verzichtete ich darauf. Die Polizei war nicht so großzügig.

Geschadet hatte es mir nicht, im Gegenteil. Aber bis zuletzt hat sich die Frau nie entschuldigt.

Ein stadtbekannter Rechtsanwalt bestand darauf, dass seine Frau, die er – ein offenes Geheimnis - zeitlebens und hemmungslos nach Strich und Faden und bei jeder sich bietenden Gelegenheit betrogen hatte, zu Hause die erlaubten vierundzwanzig Stunden im offenen Sarg aufgebahrt wird.

Hausaufbahrungen hatte ich während meiner Zeit nur die eben besagte. Es war einfach nicht mehr üblich. Nicht einmal mehr auf dem Land.

Die Frau war eine charmante und nette Person gewesen, die sich nie etwas anmerken ließ, wenngleich sie um die Eskapaden ihres Mannes wusste und sicher sehr darunter litt. Noch dazu, wo er sie gerne in der Öffentlichkeit veräppelte und als hilfloses Tschapperl hinstellte. Aber eine Trennung hätte sie sich kaum leisten können, da er wohlweislich einen Ehevertrag zu ihren Ungunsten verfasst hatte und öffentlich damit prahlte. Als sie ziemlich rasch an einem bösartigen Tumor verstarb, rief er alle Bekannten an, auf dass sie Abschied nehmen sollten von seiner ach so heißgeliebten Gattin. Im schwarzen Anzug saß er neben dem Sarg und schluchzte. Ernstl musste ein Kondolenzbuch besorgen, und jeder sollte sich darin eintragen. Seine Sekretärin beauftragte er, sämtlichen erfassten Kunden und Ämtern Parten zu schicken. In einigen Zeitungen erschienen halbseitige Traueranzeigen. Vor seinem Büro wehte eine schwarze Fahne. Der Witwer konnte nach außen hin gar nicht genug trauern, aber hinter seinem Rücken wurde natürlich viel getuschelt. Bei diversen Stammtischen, in die er sich ungefragt drängte, war er als falscher Hund dem Gespött der Gäste offen ausgesetzt. Er tat, als würde er es nicht hören.

Die Totenmesse war ein Riesenaufgebot an Musik, Kirchenchor – sie war Mitglied und der Chor hätte ohnehin gesungen – Blumenschmuck und protzigen Kränzen. Zum Begräbnis erschienen sehr viele Trauergäste, denen es ein Bedürfnis war, die Tote zu begleiten. Seinetwegen waren die wenigsten hier und kaum jemand ging trotz Aufforderung zur Zehrung. Und was für ein Zufall, zwei in der Stadt unbekannte Damen unterschiedlichen Alters, welche einander auch nicht kannten, kamen im gleichen auffallenden Kostüm. Bei der Kondolierung am offenen Grab war die Peinlichkeit offenkundig. Die giftigen Blicke und die aufdringliche Trauerbekundung zu ihm waren nicht zu übersehen. Seiner Praxis war das Getue nicht sehr dienlich, die Leute nahmen ihm das Theater krumm. Zumal es in der Stadt noch zwei weitere Anwälte gab. Kein halbes Jahr später zog er weg und war wieder verheiratet. Mit einer Thailänderin.

Einmal sollten wir einer, sagen wir einmal sehr korpulenten Frau, welche an plötzlichem Herzversagen starb, die Ringe abnehmen, denn der Mann würde es einerseits ihrer dicken Finger wegen und andererseits in seinem unendlichen Schmerz nicht schaffen. Aber er möchte die Ringe allesamt haben. Wir sollten zusehen, dass wir sie abziehen, denn es seien sehr wertvolle darunter. Er war nicht einmal die Hälfte von ihr, ein schmächtiges Männlein um die Vierzig neben einer übermächtigen Walküre. Sie trug mehr Ringe, als sie Finger hatte, die auch wir mit spezieller Gleitcreme nicht abnehmen konnten, da einige der Schmuckstücke in den feisten Fingern

schon teilweise eingewachsen waren. Für jedes Jahr, die sie verheiratet waren, trug sie einen Ring. Auf natürlichem Weg bekamen wir nur drei ab. So griffen wir zur Schneidzange. Gerade als wir die ersten vier Ringe mit Mühe abgetrennt hatten, kam der Mann, den wir aus dem Raum geschickt hatten, aus irgendeinem Grund noch einmal zurück, sah die Zange in der Hand von Ernstl, der sich gerade am nächsten Finger zu schaffen machte, sprang auf ihn zu und schrie: „Was macht ihr mit meiner Frau? Ihr tut ihr ja weh! Wollt ihr sie umbringen?!" Er drehte richtig durch und drosch sofort auf Ernstl ein. Das hätte man diesem Hänfling gar nicht zugetraut. Besänftigende Worte

halfen nichts. Mir blieb nichts anderes übrig, als ihn recht grob und ebenfalls mit Gewalt außer Gefecht zu setzen, was nichts anderes hieß, als dass ich ihm den Arm auf den Rücken drehte. Dennoch tobte er weiter. Ernstl und ich konnten ihn kaum bändigen. Mit Mühe brachte ich ihn aus dem Zimmer und hielt den noch immer Tobenden und gleichzeitig Wimmernden fest. Walderer rief einstweilen Polizei und Arzt an, sie sollen doch bitte schnell kommen. Der Doktor zückte die Injektionsspritze, die Beamten ihren Block zur Tataufnahme. Die restlichen neun Ringe blieben auf ihren Händen. Das einzige Mal in meiner Zeit, wo noch Schmuckstücke mit ins Grab kamen.

Vom Problem, die Hundertdreissigkilofrau in einem Sarg unterzubringen und den Deckel zuzuschrauben, bekam der Witwer nichts mehr mit. Ein Nachbar half uns, den Sarg ins Auto zu transportieren. Ernstl schwemmte an diesem Tag etwas mehr als gewöhnlich ab. Ich half ihm dabei. Erst kurz vor dem Begräbnis gelang uns ein versöhnliches Gespräch mit ihm.

Einer meiner Nachbarn war gestorben, gerade einmal achtunddreißig Jahre alt. Der Arzt, dem wir gerade noch am Gartentor begegneten, meinte schon, dass wir uns auf etwas gefasst machen sollten. „Nehmt den Flachmann mit", sagte er nur knapp. Ich kannte den Mann kaum, obwohl er in derselben Straße zwei Häuser weiter gegenüber gewohnt hatte. Weder er noch seine Frau waren viel unterwegs. Sie sah man in erster Linie entweder aus der Trafik mit einer Stange Smart Export oder aus dem kleinen Supermarkt mit einem Karton Dosenbier im Angebot kommen. Ihn in einigen billigen

Kneipen, wo wiederum ich nicht verkehrte. Sie lebten von Notstandshilfe und Schnorren. Ihr Sohn ging - wenn es ihn freute - in die Hauptschule, zweiter Klassenzug.

Es fiel nur auf, dass so gut wie nie ein Fenster offen stand und gelüftet wurde, eher bemerkte man die angelaufenen Scheiben in den beiden winzigen Räumen, wo sie zur Untermiete wohnten.

Zu Lebzeiten schickte ihn einmal das Arbeitsamt aus unerfindlichen Gründen zu mir, aber er wollte ohnehin nur die Bestätigung, dass er sich bei mir gemeldet hatte und meine Unterschrift.

„Gib mir den Stempel, i wü do eh net hackeln, de soin mi in Ruah låssen". Das war es auch schon an Kontakt. Man sah einfach aneinander vorbei als ein Nichts.

Einmal im Leben arbeitete er fast zwei Wochen lang, bis sie ihn wieder entließen. Dabei hatte er sogar einen Auftritt im Regionalfernsehen. Das kam so. Die Stadt erhielt eine Müllsortieranlage, er wurde dort am Sortierband beschäftigt und fand es, als ihn die Reporter am Arbeitsplatz befragten, „ganz spannend, was alles im Mist landet, was man noch brauchen kann". Den Nachsatz „des nimm i daun mit hoam" strichen sie schon aus der Reportage. Als ob sie es gewusst hätten. Nach der Ausstrahlung des Beitrags feierte er gleich einmal einige

Tage durch. Die Gemeinde kam mit seiner Arbeitsauffassung nicht ganz klar und feuerte ihn. Dann arbeitete er nie wieder.

Als wir ihn abholten, lag er schmutzig, völlig verwahrlost und nackt inmitten von Klamotten, leeren Dosen und Gebinden, Fahrradutensilien, Kübel voll mit Werkzeugteilen und kaputten Elektrogeräten, Lumpen, Schachteln, Zeitschriften, Plastiktüten, Kunststoffteilen, Verpackungsmaterial, leerem und verdrecktem Geschirr, Essensresten und diversem anderen Gerümpel. Möbel waren in diesem Durcheinander kaum auszumachen. Finger- und Zehennägel waren mit gut zwei Zentimetern fast gleich lang. Außerdem stank es gewaltig, da er schon länger als einen Tag tot da lag und die Frau kein Fenster geöffnet hatte. Sie saß völlig emotionslos in einer dunklen Ecke des ohnehin düsteren Raumes. Ich hatte vorher noch nie so eine vermüllte Wohnung gesehen und war ganz schön weg. Sie schien kaum zu bemerken, dass wir ihn einsargten und wegtrugen.

Das war auch das traurigste Begräbnis, welches ich je leitete. Lediglich seine Frau, gestützt von zwei Saufkumpanen, die ihm anschließend eine Dose Bier hinterher warfen, und wir Träger begleiteten den Sarg zu einem Gemeindegrab. Man merkte den Anwesenden an, dass ihnen das Vaterunser schon zu lange dauerte. Noch während der Sarg in der Grube verschwand, öffnete einer das nächste Bier. Der halbwüchsige Sohn stand, so wie seine Mutter bei der Abholung, abwesend daneben. Er wurde anschließend vom Jugendamt abgeholt und betreut. Nicht einmal einem Monat später zogen die beiden, nur mit zwei großen karierten Plastiksäcken, sogenannten „Tschutschenkoffern" in einer Schubkarre, weg in einen anderen Bezirk.

Der Wohnungsinhaber, der nicht in dem Haus wohnte, durfte sich über monatelange Mietrückstände und den zurück gelassenen Plunder freuen.

Ein stadtbekannter arbeitsloser Alkoholiker starb. Er hatte die Sechszig noch nicht erreicht. Wohnte ebenfalls in einer Messiewohnung mit drei anderen Säufern, darunter ein Frau. Eigentlich bestand diese Wohnung nur aus einem größeren Raum und einer Kochnische. Es war ein ehemaliger Lagerraum eines Geschäftes. Als wir zu Abholung kamen, saß die Frau mit einer Flasche Schnaps in der Hand, betrunken wie fast immer, obwohl es erst zehn Uhr Vormittag war, auf der Stiege vor der Eingangstüre, kaum fähig, einen klaren Satz zu sagen. Sie stammelte so etwas ähnliches wie „ich bin seine Verlobte", was aber so klang wie " ich bin eine Bekloppte" und dass sie ohne den Typen nicht mehr leben wolle. Wir könnten sie doch gleich mit in den Sarg legen, da sie ohnehin nichts mehr zu verlieren hätte, wollte uns aber vorerst partout nicht in das Zimmer lassen. Als wir uns endlich vorbei kämpften, sahen wir im Halbdunkel des großen Raumes neben unzähligen Säcken, Flaschen, Schachteln und

Gerümpel vier Betten. Die Vorhänge waren zugezogen, eine schwache Lampe brannte im Eingangsbereich. In drei Betten lag jeweils eine reglose angezogene Gestalt. Wer von denen war nun der Tote? Arzt und Polizei waren längst weg. So fiel uns die Aufgabe zu, nicht den Falschen in den Sarg zu legen, denn die Frau kam uns nach, setzte noch einmal die Schnapsflasche an, legte sich in das noch freie Bett, drehte den Kopf zur Wand und rührte sich nicht mehr. Letztlich war es dann doch nicht so schwer, wie es Anfangs schien. Ein großes kaltes Glas Wasser ins Gesicht eines jeden, und wir hatten den Richtigen gefunden.

Auch dieses Begräbnis wurde der Gemeinde angelastet. Aufregung gab es nur mehr, weil die Frau von uns einen besonderen Sarg, entsprechenden Grabschmuck,ein Begräbnis mit Musik und vom Steinmetz einen Gedenkstein forderte. Zahlen sollte all das anschließend die Stadt.

Dann, nach weniger als zehn Monaten, kam der Sprung ins berühmte kalte Wasser.

Ernstl fiel um und war tot. Noch bevor er für die anstehende Tarockpartie in seinem Stammlokal seinen

Janker anziehen konnte. Von einer Sekunde zur anderen aus und vorbei.

Meine Großmutter pflegte in so einem Fall zu sagen,

„Umgfålln und tot gwesn. Håt koan Dokta mehr braucht". Ein Tod, wie sich nach einem erfüllten Leben, Alter und entsprechendem Ruhestand selber ein jeder wünscht, aber die Angehörigen ratlos und unerwartet geschockt zurück lässt.

Plötzlich und ohne Vorwarnung ging die Verantwortung auf seine Tochter Heike, eine junge Frau, die sich alles andere, nur keinen Bestatter als Beruf vorgestellt hatte, über. Als selbstständige Vertreterin für Andenken und Werbeartikel musste sie praktisch über Nacht die Firma übernehmen, da Bestattung ein konzessioniertes Gewerbe (*10) war, welches man nicht so ohne weiteres aufgibt. Gut, dass sie Verwaltung und Buchhaltung beherrschte und hier dem Vater zur öfters zur Hand gegangen war. Edith, Ernstls Frau, war ja "nur" für Blumenschmuck, Nachrufe, seelische Betreuung und als Trostspender – wie sie es nannte - der Angehörigen zuständig. Um alles andere hatte sich stets Ernstl persönlich gekümmert.

Die beiden anderen Töchter arbeiteten ebenfalls in unterschiedlichen Berufen und hatten keinerlei Ambitionen, in den elterlichen Betrieb einzusteigen. Einer der Enkel sprach zwar immer davon, einmal die Bestattung weiterführen zu wollen, war aber noch schulpflichtig und somit keine Rede von einer Übernahme.

Meine erste richtige Bewährungsprobe ohne ihn. Nur keine Sentimentalität, so, wie Ernstl es mich gelehrt hatte. Das Ausrichten und die Organisation des Begräbnisses, eines der ganz großen, wie es in unserer Stadt nicht oft stattfand, war eine Herausforderung. Mehr als neunhundert Leute gaben ihm das letzte Geleit, Abordnungen der Gemeinde, Feuerwehr, Rettung, Gendarmerie, Kameradschaftsbund, Ärzte,

Musikkapelle, Kirchenchor und Gesangsverein, Jägerschaft, Wirtschaftsbund, Stammtisch, Berufskollegen der Innung und Tischler und alle übrigen Verwandten, Freunde und Bekannte auch aus Deutschland.

Natürlich meinte jeder Vorstand, Präsident oder Obmann der unterschiedlichsten Vereine, seine Mitglieder wären die wichtigsten überhaupt und müssten direkt hinter dem Sarg als erste, am liebsten noch vor der Familie, gehen. In drei Gasthäusern war die Zehrung anberaumt, an die zweihundertzwanzig Personen waren dazu eingeladen. Ich dachte, dass ich mich gut auf dieses Begräbnis vorbereitet hatte. Dennoch unterschätzt ich es. Eine Lehre für die Zukunft. Doch mit viel Mühe, salbungsvollen und teilweise harschen Worten bestand ich diese Aufgabe zur allgemeinen Zufriedenheit. Ernstl hätte seine Freude gehabt, dessen war ich sicher. Letztendlich hatte ich mir Respekt und Anerkennung verschafft, so, als ob es er selbst gewesen wäre, der dieses Begräbnis. Ein Fehler unterlief mir schon, es mussten zwei Mal Totenbilder nachgedruckt werden und nicht alle waren glücklich darüber, kein Bild mehr zu bekommen.

So wurde praktisch ich über Nacht derjenige, der für die Arbeit mit den Toten verantwortlich war.

Dieses Vertrauen ehrte mich natürlich, ich gebe es gerne zu. Die Beerdigung selbst war nicht nur eines der größten, sondern zugleich eines der denkwürdigsten Begräbnisse, welches ich in meiner Zeit als Bestattungshelfer leitete. Der Begräbniszug begann für die Letzten, als die Ersten schon wieder fast zurück auf dem Friedhof waren, obwohl ich die Länge der sonst üblichen zu begehenden Runde fast verdreifachte. Journalisten von Regionalzeitung und Stadtfernsehen kamen und hielten pietätlos jedem Adabei das

Mikrophon vor den Mund, der meinte, etwas sagen zu müssen. Gottseidank noch, bevor das erste Missgeschick passierte. Da sich die Familie ausbedungen hatte, keine Reporter und Fotos auf dem Friedhof zuzulassen, konnten diese, sehr zu ihrem Bedauern, die kommenden Ereignisse nicht mehr festhalten. Ihre Zehrung war schon in vollem Gange, der Durst größer als der Hunger. Dabei war es draußen gar nicht so warm gewesen.

Der zweiundachtzig Jahre alte, ziemlich klapprige Mitarbeiter, der schon beim alten Walderer gearbeitet hatte und eigentlich nur mehr für die Verteilung der Totenbilder zuständig war, ließ es sich auf keinen Fall nehmen, seinem Chef die letzte Ehre zu erweisen und ihn persönlich mit zu beerdigen.

Vier Personen sind nötig, um den Sarg mit Hilfe von Gurten in die Grube abzulassen. Prompt rutschte gerade ihm dabei der Gurt aus den Händen und der Sarg polterte den letzten dreiviertel Meter auf seiner Seite hinab. Es tat einen lauten Kracher, als der teure Sarg aufschlug, aber wie durch ein Wunder schoss im gleichen Moment der Feuerwerker des Kameradschaftsbundes den Böller ab, der Donnerschlag übertönte den Knall des zum Glück nur am Boden zerspringenden Sarges. Gerade noch konnte der Kreuzträger daneben verhindern, dass der alte Träger mit hineinstürzte. So fiel dieses Missgeschick nur ganz wenigen Umstehenden auf. Das andere aber allen.

Der noch greisere und senile Pfarrer, der, neben zwei anderen Priestern und jeder Menge Ministranten, dieses Begräbnis unbedingt selber leitete, obwohl er bereits heftig dement war und vergangene Weihnachten ein „Frohes Osterfest" von der Kanzel herab donnerte, war noch verwirrter. Bei der anschließenden Kondolierung am offenen Grab war sein Mikrophon als einziges noch nicht ausgeschaltet. Und so hörte jeder, nachdem er der Witwe sein Beileid ausgesprochen hatte, und deren Hand er gar nicht mehr loslassen wollte, die Worte, „Und sagens dem Herrn Gemahl einen recht schönen Gruß von mir!"

Ein Bekannter von mir, Franz Haferl, ein arbeitsfreudiger Frühpensionist, dessen Abteilung in einem Betrieb aufgelöst wurde, somit für ihn keine

Verwendung mehr war und er gekündigt wurde, suchte eine sinnvolle Beschäftigung. Mit Sechsundfünfzig Arbeit zu finden, glauben sie mir, ist nahezu unmöglich, diese Bemühungen sind meistens umsonst. Er hatte unter anderem in meinem Kleinbetrieb angefragt, aber ich hatte mit meinen zwei verlässlichen Arbeitern das Auslangen. Und im Winter musste ich auch diese beiden stempeln schicken. Er half mir ein paar mal bei größeren Aufträgen, das war es aber schon. An ihn dachte ich, als es hieß, dass noch ein Mitarbeiter im Betrieb benötigt wird.

Edith hätte mich als Vollzeitmitarbeiter einstellen wollen, aber da war mir meine eigene Firma doch lieber. So wurde es Franz Haferl. Eine gute Wahl, er hatte die richtige Einstellung und wir waren in den nächsten Jahren ein prächtig eingespieltes Team.

Ich bemühte mich, ihn im Sinne von Ernstl einzuschulen, bis er soweit war. Ruhig und routiniert, was sich entsprechend positiv auf die trauernden Angehörigen auswirkte. Zumindest meistens, denn die Reaktionen der Angehörigen reichen, wie ich schon ausführte, von völliger Apathie bis zur Aggressivität mit tätlichem Angriff. Über elf Jahre arbeiteten wir zusammen, dann

war für mich endgültig Schluss. Auch Haferl hörte noch im gleichen Jahr auf, sein neuer Partner und er passten einfach nicht zusammen, eine Parallele wie einst zwischen dem alten Walderer Ernst und dem Arzt Friedhelm Wieland. Außerdem war Franz ja offiziell ebenfalls schon in Pension.

Und ich nehme es gleich vorweg, der Umgang mit den Toten selbst war – und da machten wir keinen Unterschied von Stand oder Herkunft – nie respektlos! Der Umgangston dagegen war schon öfters schärfer, als es nötig gewesen wäre, auch sarkastisch, ironisch oder humorvoll ätzend. Das war für uns Schutz und Abschirmung zugleich.

Wenn wir ausfuhren, hatten wir neben unseren Klamotten stets feste Kunststoffsäcke, einen Bergesack, einen Bergesarg und einen Holzsarg, bei dem das Innenleben, also Kissen und Unterlage, nach jeder Abholung gewechselt wurden, im Auto. Je nachdem, was uns erwartete, kamen diese zum Einsatz.

Ein einziges Mal weigerte ich mich, einen Verstorbenen abzuholen. Ein stadtbekannter arbeitsscheuer Schmarotzer und Krimineller, dessen einzige Tätigkeit in seinem Leben war, gegen fette Gebühr Gleichgesinnte zu beraten, wie sie den Staat am besten schädigen könnten. Seine Frau verprügelte er bis zur Scheidung nach Belieben, wenn sie ihm kein Geld gab. Aus Angst vor seiner Gewalttätigkeit zeigte sie ihn nie an. Sie arbeitet in einem Supermarkt als Aushilfe und zusätzlich putzte sie noch in einigen Haushalten. Er selbst hielt die Polizei wöchentlich mit irrwitzigen Anzeigen - unter anderem gegen uns und mich persönlich - auf Trab.

Irgendwann im Winter wurde er in Tschechien tot aufgefunden. Dort war er in eine größere Sache verwickelt und in die Fänge der tschechischen Mafia geraten. Er meinte tatsächlich, bei Pferdewetten und im Pferdehandel groß einsteigen zu können und täuschte den großen reichen Gestütsbesitzer vor. Für diese Nummer war er viel zu klein, die Aktionen zu durchsichtig. Schon beim ersten Versuch, ins Geschäft einzusteigen, wurde er entlarvt. Mit zehntausend Schilling, Gott weiß, woher er die hatte, hätte er gerade den Fleischpreis für einen Gaul zahlen können. Die Ehrenwerten fackelten nicht lange. Zuerst brach man ihm beide Arme, und anschließend wurde er im Wald an einen Baum gebunden, wo sie ihn hängen ließen, bis er sich freikaufen konnte. Weil er aber kein Geld hatte, erfror er jämmerlich. Ein Spaziergänger fand ihn.

Als wir die Verständigung von seinem Tod erhielten und ihn holen sollten, setzte ich alles daran, dass er auch in Tschechien für immer bleiben müsste, was letztendlich auch gelang. Er war als Bewohner dort in einer kleinen Gemeinde gemeldet. Da er offiziell in Österreich Notstandshilfebezieher war, wären sonst sämtliche Kosten wieder unserer Stadt zugefallen. Angefangen von der Abholung bis zum Begräbnis selbst. Ich sage es ehrlich, wenn es anders gekommen wäre, hätte ich diesen Typen am liebsten mit dem Kopf nach unten in den Sarg gelegt.

KRANKENHÄUSER UND ALTENHEIME

Krankenhausabholungen und solche aus Altersheimen, die modern ausgedrückt Altenheim oder Seniorenresidenz heißen, waren an der Tagesordnung.

Heute gibt es kaum eine Krankenhaus und Altenheim, welches nicht einen eigenen, ansprechenden Raum hat, oft in Form einer kleinen Kapelle mit Blumenschmuck und Kerzen für die vorübergehende Aufbahrung jener Verstorbenen, welche nicht sofort obduziert werden. Den Angehörigen kann hier ein erstes Abschiednehmen angeboten werden.

Zur Zeit meiner Tätigkeit war das jedoch noch nicht Standard. Große Unterschiede, vornehmlich in den Altersheimen, gab es zwischen staatlichen, wo es oft wirklich unappetitlich und inakzeptabel war, saubere von Orden geführten oder privaten Institutionen.

Vor sich dahindämmernd, drei mal am Tag abgespeist, bei den Bettlägrigen zweimal täglich die Windeln gewechselt, vielleicht einmal im Jahr für ein paar Minuten unter falscher Freundlichkeit und Anteilnahme besucht zu werden und ansonsten kaum ein herzliches Wort oder Ansprache zu erleben, war für die alten Menschen oft nur schwer erträglicher Alltag.

Für den Großteil dieser Insassen kam der Tod als Erlösung eines nicht mehr lebenswerten Dahinsiechens.

Im schlimmsten Fall wurden die Toten in irgend eine dunkle Abstellkammer verfrachtet, wo sie bis zur Abholung zwischen Schmutzwäsche, Reinigungsutensilien oder ausrangierten Bettgestellen und sonstigen Gegenständen lagen. Mehr als einmal erlebten wir diese Zustände und mehr als einmal richteten wir unsere Beschwerden an die Verwaltung. Mit wechselndem Erfolg. Immer war oder zumindest tat die Leitung entsetzt, versprach Änderung oder bessere Kontrolle und keine Duldung von Schlamperei. Die Ausreden waren dafür stets gleich, Personalmangel oder fehlende Geldmittel waren der Grund. Von mangelnder Ethik war kaum die Rede.

In allen Heimen wäre Platz in einer stillen Kammer für eine würdige vorübergehende Aufbahrung, einem Gesteck und einer Totenkerze. Dazu bräuchte es keine außerordentlichen finanziellen Mittel. Ich wunderte mich immer wieder, wie betriebsblind und abgestumpft so manches Personal war. Selber wollten diese Personen aber auf keinen Fall so gleichgültig, roh und lieblos behandelt werden, wenn ich dann nachfrug.

Rund siebzig Prozent der Todesursachen sind Herz- Kreislauferkrankungen und Krebs. Erst danach kommen Unfälle, hier an erster Stelle Haushalts- und Freizeitunfälle, die tödlich enden, gefolgt von Verkehr, Sport und Unfällen sonstiger Art.

Tötungsdelikte sind selten und in der Statistik ganz hintenan. Unsere Kleinstadt liegt mitten in Österreich, so viel sei verraten. Die nächstliegenden Krankenanstalten sind etwa fünfundzwanzig Kilometern entfernt. Doch es kam vor, dass wir beispielsweise an eine Tag nach Vorarlberg fahren mussten, und am nächsten Tag in Wien eine Abholung erledigten. Die Verstorbenen hatten sich das Krankenhaus, in dem sie zur längeren Behandlung stationiert waren oder allenfalls überraschend eingeliefert wurden, ja nicht immer selbst ausgesucht. Ich mochte kleinere Krankenhäuser bedeutend lieber, in denen wir sowohl dem Portier als auch dem Krankenhausleiter oder Chefarzt namentlich bekannt waren und immer Zeit für einen kleinen Plausch fanden.

Ganz im Gegensatz zum Wiener AKH als Beispiel, einem Moloch, wo einander die Bestatter die Klinke in die Hand geben, in dem unpersönliche Hektik herrscht und außer Geschäftlichem kein Gespräch in dieser kalten und sterilen Atmosphäre zustande kam. Vielleicht wäre das sogar als unerwünscht oder gar als lästig empfunden worden.

Patienten, ob lebendig oder tot, sind nur Nummern und Zahlen, gesichtslos und geschlechtslos, auswechselbar wie Handtücher oder Nachthemden.

Trotzdem waren wir dort stets einen ganzen Tag unterwegs. Auf einigen Wiener Ämtern mussten selbst wir oft und lange warten. Provinzler durften es nicht eilig haben, sondern sich in der Schlange der Wartenden anstellen oder eine Nummer ziehen wie jeder andere auch. Außer man kannte die Hintertürln, natürlich gegen mehrere Scheine in eine offene Hand.

Aber zur Ehrenrettung der Wiener, in anderen Bezirken und Verwaltungen ging es freundlicher, menschlicher zu, so, wie wir es eigentlich gewöhnt waren. Das versöhnte uns wieder.

Ämter in den Bundesländern waren hier um etliches kulanter und entgegenkommender.

Bloß einmal lernten wir auch in einer oberösterreichischen Kleinstadt die Mentalität der Sturheit kennen. Es war fünf Minuten vor Zwölf. Der Ärmelschonerbeamte ließ die Jalousie herunter und verschwand mit den Worten: „Warats ned so spåt kemma, hiazt is glei Mittåg. Kemmts um Zwoa wieda!"

Zu dumm für ihn, dass wir durch Zufall im selben Gasthaus essen war wie er, um uns die Wartezeit wenigstens mit einem ordentlichen Mittagessen zu verkürzen. Er schien uns gar nicht zu erkennen. Völlig unabsichtlich natürlich stieß ich im Vorbeigehen bei seinem Tisch an und schon landeten Fritattensuppe und der Gspritze auf seiner Hose. So ein Pech aber auch, musst schon entschuldigen. Ja, kleine Sünden bestraft der liebe Gott sofort.

In den Krankenhäusern der Umgebung kannten wir die Prosekturgehilfen persönlich. Sie holen die Verstorbenen aus den Kühlkammern und helfen oft beim Anziehen und Einsargen. Sie machen die Vorarbeiten für den Obduzenten, der dann nur mehr die betreffenden Organe nimmt, um sie anschließend genau zu untersuchen, um ganz exakt zu wissen, woran nun der betreffende Patient wirklich gestorben ist. Das heißt, die Gehilfen schneiden und sägen die Leiche auf, entfernen Magen und Gedärme, trennen Nieren und Leber, heben die Schädeldecke ab, um das Gehirn freizulegen, und nach getaner Arbeit werden die entnommenen Organe wieder an ihren ursprünglichen Platz zurückgelegt, der Tote anschließend zugenäht. Anschließend wird der Betreffende gereinigt und in die Kühlkammer gebracht. Natürlich sind die Helfer für die absolute Sauberkeit und Sterilität der Abteilung und der Instrumente zuständig. Doch der Geruch in diesen verkachelten kalten Räumen ist beim besten Willen kaum wegzubringen.

Wie selbstverständlich stehen Essen und Trinken auf einem Schreibtisch in der Prosektur. Würde sicher nicht jedem dort schmecken.

Es ist wie im Film oder TV, nur nicht auf der gemütlichen Couch mit Chips und Getränken, sondern in kalter Umgebung mit undefinierbaren, scharfen Gerüchen, die schon ein Würgen bereiten können. Geräte werden hier benötigt, dass man meint, es wäre die entsprechende Abteilung einer Werkzeughandlung.

Sägen, Bohrer, Messer und Stemmeisen in jeder Größe und Form, Spreizwerkzeuge und Zangen, von der Decke hängende Einhandkreissägen und Bohrmaschinen. Ich fand das überaus spannend, denn wo hat man schon Gelegenheit, in einen menschlichen Körper zu schauen, um herauszufinden, was nun endgültig zum Tod führte. Skalpell und Mikroskop sind dabei für den Obduzenten wichtige Utensilien. Die untersuchten Organe, dünner aufgeschnitten als Carpaccio, Scheibe für Scheibe, werden dann in Flüssigkeit eingelegt und so aufbewahrt. Franz war davon weniger angetan.

Meistens war aber die Arbeit des Prosekturgehilfen schon beendet, sodass uns nur mehr das Anziehen und Einsargen blieb.

In einem Krankenhaus, wo wir schon längere Zeit nicht mehr hinkamen, war der Prosekturist alleine in seiner Abteilung.

Hektisch, wie ich noch nie gesehen hatte. Auf meine Frage hin, wo denn sein Kollege wäre, erzählte er mir folgendes.

„Du weißt doch, dass er Jäger ist. Vor zwei Monaten wars, da wurde er immer nervöser und fahriger, ungeschickter und unkonzentrierter. Einfach nicht bei der Sache. Und das kann ich nicht brauchen. Ich fragte ihn, ob etwas nicht stimme, entweder zuhause oder hier auf der Arbeit. Zuerst wollte er nichts sagen und meinte, es wäre alles wie immer und ich würde mir das nur einbilden. Und er hätte halt ein wenig Stress, aber es würde schon wieder. Das kam mir irgendwie bekannt vor, denn vor Jahren hatten wir schon so einen Fall. Mir ließ das keine Ruhe und ich sprach deshalb mit dem Krankenhauspsychologen. Der holte ihn zu sich und bei diesem Gespräch kam folgendes

heraus. Zuerst träumte er nur von Leichenteilen, die an ihm vorbei schwammen. Bald darauf aber, dass ihn genau die Toten, die er auf dem Tisch liegen hatte, wie Zombies mit all den Sägen, Messern, Bohrern und Stemmeisen in den Händen verfolgten und ihn aufforderten, er solle sich endlich auch auf den Tisch legen sollte und sich mit seinem eigenen Gewehr erschießen. Sie würden dann den grausigen Rest erledigen.

Aus Angst vor einer Versetzung oder gar Kündigung hatte er nichts gesagt, auch zu mir nicht, wo ich letztlich doch den richtigen Riecher hatte. Er durfte - auf die Minute - gar nicht mehr herunter in die Nähe der Autopsieräume kommen, sondern ist nun in Behandlung und wird dann in einem anderen Trakt im Haus beschäftigt. Ich selbst habe ihn seither auch nicht mehr gesehen und soll ein Treffen mit ihm für längere Zeit vermeiden. Über zwei Jahre war er bei mir herunten! Ich versteh es nicht, wie das kommen konnte."

Dabei war der Betreffende ein, wie man sagt, gestandener Mann. Gelernter Elektriker, der in seiner Freizeit sehr aktiv bei der Feuerwehr war, und mit seiner Familie gerne die Freizeit verbrachte, wenn er nicht auf der Jagd war. Beliebt in der Firma, anerkannt im Freundeskreis. Eine Frohnatur, positiv und voller Vertrauen in die Zukunft, auch, nachdem er bei einem unverschuldeten Arbeitsunfall in einen nicht abgeschalteten Stromkreis geriet. Drei Finger mussten amputiert werden und der dazugehörige Arm war teilweise gelähmt, und doch machte er über diesen Zustand noch Witze. Seinen angestammten Beruf konnte er nicht mehr ausüben, aber im Krankenhaus, wo er behandelt wurde, war gerade diese Stelle frei, die ihm angeboten wurde und er daraufhin annahm.

Obduktionsräume sind meistens irgendwo in den Kellern der Krankenhäuser, vielerorts ohne Fenster, kaum Tageslicht, nur mit künstlicher scharfer Beleuchtung. Dazu kommt dieser undefinierbare, feuchtkalte Geruch, ein Gemisch aus Blut, Innereien, Fett, Putzmittel, Seife, Desinfektionsmittel, und ständig ist man umgeben von den Schicksalen der Toten. Es braucht viel Abgebrühtheit, das alles auszuhalten und damit zurechtzukommen, das abzustreifen wie ein Arbeitsgewand und nicht zulassen, dass die Gedanken ständig um diese Räume kreisen und dass man Gefangener dieser Gedanken zu werden droht. Es ist trotz allem etwas anderes, ein Tier auszuweiden und zu zerlegen als einen Menschen.

Ich konnte das nachempfinden, denn Ernstl hatte mich immer vor diesen Träumen gewarnt, und mir ist es gut gelungen, diese Gedanken gar nicht aufkommen zu lassen und Albträume zu vermeiden. Es gibt genug Trinker und Pilleneinwerfer bei Prosekturisten und Bestattern, und sicher ist nicht bei allen der Durst schuld, sondern sie versuchen sich mehr oder weniger zu betäuben.

Als meine Mutter im Krankenhaus verstarb und ich sie abholte, band ich ihr lediglich ihren liebsten Schal um den Hals, da sie zu Lebzeiten immer fror. Mehr hätte ich nicht tun können. Ich war froh, dass es andere gemacht haben. Einen lieben Menschen zu verlieren, ist schlimm und emotional genug, da steckt zu viel Gefühl dahinter, und das wäre für die Arbeit nicht gut.

Einmal rief uns ein Gehilfe zu sich.

„Diese Leber müsst ihr euch anschauen, so was haben wir noch nicht gesehen, wie die Sohle von meinem Schuhabsatz!"

Er war ganz begeistert. Das genaue Gegenteil einer Fettleber oder Zirrhoseleber, welche wir auch ab und zu zu sehen bekamen. Dazu muss man wissen, dass die Leber das größte Organ des Menschen ist, bis zu zwei Kilo schwer. Diese aber hatte keine zwanzig Deka mehr, hart und fast schwarz, die Leber einer fünfzigjährigen Alkoholikerin. Beinahe unerklärlich, wie sie so lange mit diesem Leberschaden überleben konnte. Ich lernte so einiges in der Prosektur, so wie ich mich doch öfters dafür interessierte, woran denn der Mensch, ob alt oder jung, den wir abholten, gestorben war. Das Interesse sollte lediglich der Sache dienen, nicht der Person dahinter. Aber manchmal interessierte ich mich schon auch - als unbeteiligter Außenstehender - für das Schicksal der Betroffenen und versuchte zu verstehen, was diesen Menschen widerfuhr, um in so einem Zustand zu enden oder gar Selbstmord zu begehen. Das war dann so, als würde ich einen Film sehen, den ich als Zuschauer neugierig, aber ohne persönliche Bewegtheit anschauen würde.

Die einen kommen mit dem Leben nicht klar, andere schlittern bewusst oder unbewusst in einen Abwärtssog, aus dem es aus Antriebslosigkeit, Selbstmitleid oder Lethargie kaum ein Entkommen mehr gibt. Arbeitsverlust, Scheidung, Schulden, Spielsucht, Alkohol oder Drogen werfen diese Menschen aus der Bahn, aus dem Gleichgewicht. Und nur ganz wenige sind in der Lage und schaffen es, sich wie weiland Münchhausen am eigenen Zopf aus dem Sumpf zu ziehen.

Ein besonderer Fall waren Aidstote. HIV positiv rief Schrecken und Entsetzen hervor, berichtet wurde zu dieser Zeit nur sehr spärlich. Die tödliche Immunschwäche war damals noch viel zu wenig erforscht, Medikamente kaum vorhanden, die Furcht vor einer eventuellen Ansteckung enorm. Personen, die ihr ganzes Leben nur in einer einzigen Partnerschaft verbracht hatten, bekamen plötzlich genau so Angst wie Homosexuelle oder solche mit häufig wechselnder Partnerschaft und ungeschütztem Geschlechtsverkehr. So einen Aidskranken würden sie niemals anrühren. Es dauerte etliche Jahre, bis sich der Umgang sowohl mit der Krankheit als auch mit den Betroffenen selber einigermaßen normalisierte. Mich erinnerte diese Situation an die Rinderkrankheit BSE, die eine Ansteckungsgefahr wohl auch für Menschen darstellt, aber die Krankheit selbst, wenn überhaupt, erst nach dreißig oder vierzig Jahren zum Ausbruch kommt. Wie viele Achtzigjährige traf ich, die von einem Tag auf den anderen auf Rindfleisch verzichteten, aus Angst, sie würden mit BSE angesteckt und würden daran sterben.

Über Aids herrschte aber zu der Zeit selbst in den Krankenhäusern eine sehr große Unsicherheit. Besondere Vorsichtsmaßnahmen wurden bei jeder Abholung getroffen. Wir mussten eigene Schutzkleidung anziehen, ähnlich jener der Kriminalbeamten bei Tatort- und Spurensicherung, spezielle Handschuhe anstelle der sonst üblichen überstreifen und die tote Person, bevor sie in den Sarg gelegt wurde, in eine zusätzliche, verschließbare Hülle verpacken. Dann wurde der Sarg fix verschraubt. Die gebrauchte Schutzkleidung kam in eigene Abfallsäcke, welche wieder gesondert entsorgt wurden.

Ich frug einmal einen Arzt, weshalb dieser Aufwand nötig wäre, denn bei anderen ansteckenden tödlichen Krankheiten wären all diese außergewöhnlichen Sicherheitsmaßnahmen nicht nötig. Er wusste keine Antwort darauf und meinte bloß, dass er und wir die Vorschriften zu befolgen hätten.

Kompliziert waren Abholungen, wenn gläubige Moslems zur Abholung bereit lagen. Nicht nur, dass sämtliche Verwandte lärmend und wehklagend das Zimmer belagerten, nein. Ihrem Glauben nach mussten sie selber das Waschen und Anziehen vornehmen. Das war das wenigste und blieb ihnen gerne überlassen. Auch wollten sie den Toten nicht in einem Sarg, sondern in Leinentücher hüllen und gleich auf den Friedhof zur Beerdigung bringen. Es kam zwar öfters zu lautstarken Diskussionen, aber sie akzeptierten letztlich unsere Gesetze und Gepflogenheiten und wir wurden uns einig. Auf dem Friedhof waren wir dann oft nur stille Beobachter.

Wir wurden in ein privates Pflegeheim gerufen, eine Frau wäre abzuholen. Der Arzt war schon fort, die Tote lag alleine im Zimmer in ihrem Bett. Das Personal hatte an diesem Tag ziemlich viel zu tun, außerdem war Vollmond, und dem wird ja einiges an Einfluss nachgesagt. Empfindliche Patienten brauchen an solchen Tagen besondere Aufmerksamkeit. Angehörige gab es keine mehr. Die vier Stunden Wartezeit waren vorüber und wir wollten die Dame anziehen.

„Richard, da stimmt was nicht, die ist ja noch ganz warm", meinte Franz und wirklich, die Tote war noch voll beweglich und es waren keine Flecken zu sehen. Auch ich bekam einen gehörigen Schreck.

"Du hast recht, aber spürst du den Puls, ich spüre nämlich nichts.

Ich mache die Spiegelprobe". Diese besteht darin, dem Betreffenden einen Spiegel vor Mund oder Nase zu halten. Der geringste Atemzug würde den Spiegel anlaufen lassen. Doch auch hier war nichts bemerkbar.

„Aber wir können die doch noch nicht in den Sarg legen, was ist, wenn sie wirklich noch nicht tot ist?" Franz und ich waren ratlos. Vom Personal weit und breit nichts zu sehen, und ein Arzt war nicht zu erreichen. So saßen wir eine halbe Stunde und warteten auf ein geringstes Zeichen.

In so einer Situation fallen einem wieder Geschichten ein, wo scheinbar Tote im Sarg verzweifelt versuchten, auf sich aufmerksam zu machen, bis sie qualvoll erstickten. Kratzspuren an den Innenseiten von Särgen zeugen davon. Auch gab es früher den Brauch, dem

Verstorbenen eine Schnur an einen Zeh oder Finger zu binden, mit einer Verbindung nach außen, wo dann eine kleine Glocke anschlug, wenn sich der Scheintote rührte. Da bekommt der Herzstich gleich seine Berechtigung.

Endlich, nach einer weiteren halben Stunde des Wartens veränderte sich das Gesicht der Frau, es tauchten Flecken auf. Und wirklich, langsam setzte die Totenstarre ein. Das Personal hatte lediglich vergessen, die Heizdecke auszuschalten. Wir hatten das schlichtweg übersehen. Die Dame war wirklich tot, nur die Wärme der Decke verzögerte die Starre.

UNFÄLLE

Jeder Tod ist mit einer besonderen Tragik verbunden und hat seine eigene Dramaturgie. Zur falschen Zeit am falschen Ort, das ist eine Möglichkeit, ums Leben zu kommen. Die andere ist Schlamperei, Routine, Überschätzung der eigenen Fähigkeiten, Unterschätzung von Gefahren, zu vielfältig sind die Gründe, oft unverständlich.

Neugierige Zuschauer, die sensationsgierig nur darauf erpicht sind, den besten Platz zum Schauen zu ergattern. Um ja nichts zu versäumen, erschweren sie dann häufig die Arbeit von Feuerwehr - die fast immer zum Einsatz kommt - Notarzt, auch wenn es schon zu spät für eine Wiederbelebung sein sollte, Polizei und unsere. Vielfach begleitet von blöden Sprüchen, dass man ihnen am liebsten eine reinhauen möchte.

Und heute zusätzlich ausgerüstet mit Handy oder Lifecam, um die besten Bilder als erste ins Internet stellen zu können, damit sich am Leid anderer auf You Tube und ähnlichen Kommunikationskanälen möglichst viele begeilen können.

Unfallopfer von Verkehrsunfällen sind selten schön anzuschauen, meistens sind es sichtbare Verletzungen, die die Personen davontragen. Das, was einmal ein Mensch war, ist im schlimmsten Fall genau so demoliert aus wie das Fahrzeug. Verformt bis zur Unkenntlichkeit. Dabei ist es egal, ob es mit dem Auto oder einem einspurigen Fahrzeug passiert. Selbst ein Bruch des Genicks schaut seltsam bizarr aus, wenn bloß der Kopf lose auf den Schultern pendelt.

Tödliche Verkehrsunfälle gibt es leider immer wieder. Sehr oft ist Leichtsinn, Unaufmerksamkeit, Geschwindigkeitsrausch oder Alkohol schuld daran, dass jemand zu Tode kommt. Dazu vielfach die Selbstüberschätzung des eigenen Könnens.

Gerade bei jungen Menschen, die ihr Leben noch vor sich hätten, ist die Tragik besonders groß. Die wissen gar nicht, was sie sich und ihrem Freundeskreis, Geschwistern, Eltern oder Großeltern, die nicht selten die Finanzierung des Fahrzeuges übernehmen, antun. Wie viel Selbstvorwürfe und Schuldgefühle sie verursachen. Die vielen Kreuze, Gedenksteine oder sonstigen Arrangements am Straßenrand sind stumme, aber leider wenig wirkungsvolle Zeugen und Mahner.

Wie oft dachten wir uns, eigentlich sollte man diesen fast noch Kindern selbst im Tode eine Ohrfeige über so viel Dummheit verpassen. Weit über die Hälfte der Verkehrstoten, die ich während meiner Zeit abholte, waren junge Menschen zwischen fünfzehn und fünfunddreißig Jahren, die mit Moped, Motorrad oder Auto zu Tode kamen, davon wieder der Großteil aus Leichtsinn. Nicht umsonst werden Motorradfahrer in einschlägigen Kreisen „Organspender" genannt.

Und es stimmt wirklich, was immer zu hören ist, ich jedoch für ein Märchen hielt. Bei einem Verkehrsunfall, wenn jemand von Hundert auf Null in einem Wimpernschlag zum Stehen kommt, kann es passieren, dass der- oder diejenige selbst aus geschlossenen, hohen Schuhen fliegt. Ich kam zu einem Fall, wo selbst noch ein Socke im Schuh verblieb, und der Fuß eine Art Brandwunde mit Hautabschürfungen aufwies.

Drei junge Burschen in einem Kleinwagen halten vor einem Bahnübergang mit Halbschrankenanlage. Das ganze Leben noch vor sich. Einer Student, die beiden anderen Arbeitskollegen in einer Fensterfabrik. Die Scheiben heruntergekurbelt, laute Musik aus dem Autoradio, ein Dosengetränk macht die Runde. Das Warten auf den Zug wird ihnen zu dumm, fünf Minuten sind schon zu viel. Unerwartet scheren sie plötzlich als drittes Fahrzeug in der Reihe der Wartenden aus, fahren auf die Gegenfahrbahn und wollen die Gleise in dem Moment überqueren, als der Regionalzug daherkommt.

Trotz sofort eingeleiteter Notbremsung des Lokführers werden sie mehr als neunzig Meter weit mitgeschleift. Noch bevor Rettung und Feuerwehr eintreffen, erliegen zwei der nicht einmal Zwanzigjährigen ihren Verletzungen. Der dritte verstirbt auf dem Weg ins Krankenhaus. Unter großer Anteilnahme werden alle drei am selben Tag auf dem gleichen Friedhof beerdigt, die Situation an Tragik kaum zu überbieten.

Und trotz alledem, nach der feuchtfröhlich endenden Zehrung fährt einer ihrer Freunde mit dem Motorrad nach Hause. Wir hatten uns gerade umgezogen, als uns der Anruf erreichte. Er hatte die Hälfte des Nachhauseweges noch nicht hinter sich. Bei einem riskanten Überholmanöver stieß er frontal gegen einem Traktor. Sein Begräbnis war fünf Tage später.

Besondere Gefahren stellen Einsätze auf der Autobahn dar. Die Autobahn ist nicht weit entfernt, und so fallen etliche Kilometer in den Zuständigkeitsbereich unserer Bestattung.

Glauben sie, dass sich Verkehrsteilnehmer vernünftig verhalten, selbst wenn sie schon Blaulicht, Exekutive, Einsatzfahrzeuge oder Bergesärge sehen?

Sie irren sich gewaltig. Diese Ignoranten bremsen entweder abrupt, gefährden dadurch Nachkommende und behindern die Arbeit von Polizei, Rettung, Feuerwehr und uns. Oder sie geben Gas, um nicht das Schreckliche zu sehen, das Gesehene so schnell als möglich hinter sich zu lassen und gefährden uns

dadurch noch mehr. Es ist kein schönes Gefühl, wenn du gerade auf der Autobahn in zweiter oder

dritter Spur arbeitest und die Idioten mit unvermin-
derter Geschwindigkeit vorbeirasen, dass dir der
Fahrtwind die Mütze vom Kopf weht. Ich erinnere
mich an eine Situation. Ein Kleinbus mit sieben Insassen kam ins Schleudern und überschlug sich einige Male auf der Böschung neben dem Pannenstreifen. Vier Personen kamen sofort ums Leben,
der Lenker selbst starb noch während der Wiederbelebungsversuche. Unerklärlich, warum die Autobahn nicht sofort gesperrt wurde. Anfang der
Neunziger Jahre waren nur wenige Rettungshub-
schrauber in den Dienst gestellt, und Mobiltelefone
hatte vorerst kaum jemand. Wir wurden verständigt und gebeten, mehrere Särge mitzunehmen, da
die Anzahl der Toten noch nicht feststand. Beim
Ausladen passierte es, dass ein Autofahrer vor lau-
ter Neugierde in einen der bereitgestellten Särge
fuhr. Er regte sich furchtbar auf und wollte von der
Polizei die Bestätigung, dass wir, beziehungsweise
unsere Versicherung, den nicht unbeträchtlichen
Schaden, der an seinem Fahrzeug entstand, zu be-
gleichen hätten. Immerhin hätten wir ihn behindert
und es wäre unsere Schuld. Außerdem versäume er
unseretwegen einen dringenden Termin, denn er
wäre eine wichtige und bekannte Person und den
Geschäftsausfall müssten ebenfalls wir bezahlen.
Die Beamten aber hatten gleichfalls Wichtigeres zu
tun, als sich sein Lamento anzuhören. Das mit der
"wichtigen und bekannten" Person stieß ihnen zusätzlich sauer auf. Er "durfte" sein Auto auf dem

Pannenstreifen abstellen und warten. Nach der umfangreichen Unfallaufnahme, die gut und gerne drei Stunden dauerte, war endlich Zeit für ihn, den Ungeduldigen. Er bekam das volle Programm. Eine Anzeige wegen Behinderung war mit inkludiert. Den Rest und unsere Schadenfreude dürfen sie sich gerne vorstellen. Genugtuung für "Unwichtige" wie wir.

Ein Anruf erreichte uns Nächtens nach ein Uhr früh. Ein junger Mopedfahrer, gerade einmal siebzehn, war auf einer kurvenreichen Landstraße, gesäumt von Sträuchern, zwischen zwei Ortschaften, tödlich verunglückt.

Nicht alkoholisiert, aber hemdsärmelig und ohne Sturzhelm kam er von einem Sommerfest, wo er nachweislich nur alkoholfreie Getränke getrunken hatte. Fröhlich fuhr er in Schlangenlinien heimwärts. Mit einem Fußraster stieß er unvermittelt gegen einen Begrenzungsstein, blieb hängen, stürzte und schlitterte unter seinem Fahrzeug einige Meter weiter.

Nachfolgende waren Zeugen des Unfalls gewesen und verständigten Rettung und Polizei, die ihrerseits uns anriefen, nachdem der Notarzt unverrichteter Dinge wegfuhr.

Routinemäßig hatten wir einen großen Kanister Wasser und eine Bürste dabei. Blutspuren machen sich nicht so gut auf dem Asphalt, diese Erfahrung hatten wir schon des Öfteren gemacht. Den Burschen hatte es ganz arg erwischt, unter anderem war ein Arm abgerissen und der Kopf zerschmettert. Mit Stirnlampen ausgerüstet, suchten wir die nähere Umgebung ab, um noch vorhandene menschliche Spuren aufzunehmen. Wir sammelten alles ein und wuschen anschließend noch das Straßenstück ab.

Um ein Uhr Nachts aus dem Schlaf geweckt zu werden, nach getaner Arbeit sich wieder niederzulegen, als ob nichts gewesen wäre. In solcher Situation kühlen Kopf zu behalten, das Geschehene auszublenden, das übliche Abschwemmritual vorzunehmen und dann wieder einzuschlafen ohne davon berührt zu werden oder träumen, ist gerade in so einem Fall nicht ganz einfach, aber dringend notwendig. Man wird schon ziemlich abgebrüht.

Kurz vor acht Uhr läutete das Telefon. Es war die Polizei.

„Richard, fahr gleich zur Unfallstelle, Passanten fanden noch Teile des Toten. Habt ihr nicht ordentlich gesucht?"

„Werner" – einer der Beamten - „ist doch dabei gewesen, und wir haben nichts mehr gefunden und nichts hat gefehlt!"

„Gut, der Lois kommt auch, ihr trefft euch am Unfallort." Lois war zusätzlich noch Hundeführer. Mit ihm hatten wir öfters zu tun. Lois war einer der wenigen Menschen, die kaum eine Geruchsinn aufweisen, was sich in manchen Situationen als vorteilhaft erwies.

Wir suchten zu dritt. Lois, der Hund und ich. Zuerst fanden wir nur einen Teil des Kotflügels und einen Seitenspiegel. Und wirklich, drei oder vier Meter entfernt hing ein Stück rosa Gehirnmasse in der Größe einer Zigarettenpackung im Gebüsch auf ungefähr einem Meter Höhe. Abgesehen davon, dass wir das in tiefer Nacht kaum hätten sehen können, frugen wir uns schon, wie groß die Neugierde sein muss, einen Unfallort aufzusuchen und dort herumzuschnüffeln.

Und es waren kein Angehöriger, welcher die Polizei verständigt hatte. Hinterher stellte sich nämlich noch heraus, dass der Anrufer zwar den übersehenen Teil gefunden, aber falsche Angaben über seine Person gemacht hatte.

Die Frau eines guten Bekannten, der in absolut massiven Zahlungsschwierigkeiten steckte, fuhr von einem leider unbefriedigenden Gespräch mit der Bank, den Kopf voller Sorgen, zu ihrem Mann in dessen Firma, die außerhalb seines Wohnortes lag. Er hatte sich ein Leben als Selbstständiger ganz anders vorgestellt als es in Wirklichkeit war und sich dabei völlig übernommen. Aus einem ehemals gut situierten und bestverdienenden Angestellten wurde ein Pleitier. Die Firma stand vor dem Ruin, der Exekutor kam öfters als Kunden mit Aufträgen.

Aus dem Mann war ein Wrack geworden, kaum fähig, noch irgendwelche, geschweige denn richtige Entscheidungen zu treffen. So versuchte seine Frau zu retten, was noch zu retten war.

Auf der Heimfahrt kam sie mit ihrem Kleinwagen aus unbekannten Gründen auf die Gegenfahrbahn, streifte einen entgegenkommenden Lastwagen, geriet neben die Straße und überschlug sich anschließend. Dabei wurde sie beinahe aus aus dem Auto geschleudert, wenn nicht der Mantel, den sie trug, am Sitz und in den Gurten hängen geblieben wäre. Als wir gerufen wurden, erkannte ich sie im ersten Moment gar nicht, so entstellt war ihr Gesicht, und nicht nur das. Die Feuerwehr hatte sie, unter dem Wagen liegend, bereits mit dem Notarzt zusammen, geborgen.

Der zu tiefst unglückliche und geschockte Witwer war nicht davon abzubringen, sie ein letztes Mal zu sehen.

Meistens schafften wir es in so einem Fall, die Hinterbliebenen zu überzeugen, ihre Lieben so wie beim letzten Zusammensein in Erinnerung zu behalten. Doch diesmal gelang es uns nicht, aber mit diesem äußerlichen Zustand wollte und konnte ich ihn nicht konfrontieren. Das sagten Franz und ich ihm auch. Aber er bestand darauf und verbieten kann man das nicht. Wir wären doch gute Bekannte und ich sollte doch seinem ausdrücklichen Wunsch entgegenkommen. Ich ließ mich darauf ein. Meine besondere Anstrengung in diesem Fall, sie ansehbar herzustellen, waren recht erfolgreich, Schminke und Puder trugen das ihrige dazu bei, aus dem zerstörten Etwas wieder ein richtiges Gesicht zu formen. Ich war richtig stolz. So konnte ich sie präsentieren. Schön hergerichtet lag sie im Sarg in der Aufbahrungshalle, rundum Blumen und Kerzen, auch Edith Walderer, meine Seniorchefin, hatte mit dem Arrangement ganze Arbeit geleistet. Als der Mann seine Frau dann sah, drehte er völlig durch und machte mir schwerste Vorwürfe. Er war wie von Sinnen. Es stimmt ja gar nicht, dass sie verunstaltet wäre, wie ihm gesagt wurde. Ich würde ihm die Frau bloß wegnehmen wollen. Sie schliefe nur, rief er immer wieder. Franz musste ihn mit sanfter Gewalt wegbringen. In solchen Minuten wünscht man sich sehnlichst einen anderen Beruf oder zumindest eine Beruhigungsspritze in greifbarer Nähe. Der Witwer verlangte, dass ich beim Begräbnis auf keinen Fall dabei sein dürfe. Er wechselte künftig die Straßenseite, wenn er mich sah, wir sprachen auch nie wieder ein Wort miteinander.

Es war dies das letzte Mal, dass ich einen Leichnam nicht nur wusch. Rouge, Puder oder Lippenstift waren seither aus meinem Utensilienköfferchen verbannt. Auch die sogenannten Fenstersärge (*11) konnten wir recht erfolgreich aus unserem Angebot streichen. Dienten diese in erster Linie nur mehr den Neugierigen unter den Friedhofsbesuchern. Dennoch kam es vor, dass Leute in der Aufbahrungshalle, die nicht bewacht war, die geschlossenen Särge aufschraubten, um den oder die Toten zu betrachten. Uns war die Pietätlosigkeit unbegreiflich.

Aufgefallen war es nicht alleine deshalb, weil Franz und ich auf Verdacht hin die Zierschrauben der Särge zur Kontrolle auf eine ganz bestimmte Art anbrachten. Außerdem hatte ich einmal bei einem Gespräch so nebenbei erfahren, dass in unserem Städtchen gleich drei Personen mit sakrophiler Neigung leben. Ein verbreitetes Phänomen im Untergrund, nur sind die Teilnehmer sehr diskret und verschwiegen und daher schwer zu fassen. Und mehr als Störung der Totenruhe ist kaum zu ahnden und zu beweisen. Es war ein Leichtes, nächtens in den Friedhof und die Aufbahrungshalle einzudringen. So kamen einige wirklich unschöne Geschichten auf, die aber wiederum aus moralischen und ethischen Gründen nicht an die Öffentlichkeit gezerrt wurden. Unternommen wurde seitens der Stadtgemeinde trotzdem nichts.

Ich weiß nicht, ob es jetzt auch noch so gehandhabt wird, aber es war absolut üblich, bei einer Amputation den verpackten Körperteil einem anderen Verstorbenen in den Sarg beizulegen. Immerhin handelt es sich dabei um einen Teil eines Menschen, und der wird nicht wie Müll behandelt. In diesem besonderen Fall war es ein ganzes Bein. Als daraufhin eine anonyme Beschwerde an Polizei und Gemeinde kam, dass neben dem Toten noch ein Paket lag, wurde die Friedhofsverwaltung endlich hellhörig und ließ neue Sicherheitsvorrichtungen anbringen. Durch diesen Beweis konnten wir endlich die gewünschte Änderung schlüssig durchbringen.

Ernstls Tochter Heike rief an.

„Richard, eine ganz heikle Sache. Was soll ich machen? Die Polizei möchte, dass ich oder Mutter selber an den Unglücksort kommen sollen. Ich mach doch keine Abholungen!"

„Gut", sagte ich, „ich kümmere mich darum."

Mit der Polizei war ich stets in bestem Einvernehmen. Ja, ich kann sagen, dass ich mit den meisten befreundet war. Wir hatten gemeinsam viele Einsätze, bei Unfällen, Selbstmorden oder gar Tötungsdelikten. Die Taschen der Kleidung der Toten zu kontrollieren und auszuräumen gehörte zu unseren Aufgaben. Das machten die Beamten nicht, sie waren aber dabei und übernahmen anschließend die Sachen.

Lois, sie wissen schon, der mit dem kaum vorhandenen Geruchsinn, war am Apparat. Auf meine Frage, was denn das solle und wir uns doch nun lange genug kennen würden, wand er sich zuerst, es wäre eine diskrete Sache und appellierte an meine Verschwiegenheit. Schließlich fuhren doch Franz und ich an den Unglücksort im Wald. Der Bahnhofchef lag in einem Dienstauto unter einer goldenen Rettungsfolie, nackt bis auf die Uniformmütze, die Sitze zurückgelehnt. Seine Spritzfahrt endete nicht so, wie er sich das vorgestellt hatte. Mit dem kleinen Tod ereilte ihn Sekunden später der wirkliche endgültige. Die dazugehörige, ebenfalls verheiratete Dame hatte in Panik über Funk nur die Kollegen der Polizei verständigt und verschwand, ihre Jacke sowie die Handtasche mit den Papieren im Auto zurücklassend. Dabei galt diese – mir nicht unbekannte - Frau als besonders seriös, unnahbar und treu. Franz und ich gaben unser Versprechen, dass wir nichts erzählen würden. Trotzdem sickerte etwas durch, von wem auch immer. Mehr als einmal wurden wir diversen Situationen ausgefragt, aber wir schwiegen. Ich bis heute.

Bezeichnend war, dass knapp ein Jahr später die Hausabholung der Witwe des Bahnhofvorstandes anstand. Als Franz und ich kamen, war sie vollständig angezogen, mit einem auffallend schönen Seidentuch um den Hals. Neugierig, wie wir nun einmal waren, lüfteten wir diesen Schal. Und siehe da, die Würgemale der Schnur, mit der sie sich erhängte, waren zwar überschminkt, aber doch nicht zu übersehen. Da hatten die Kollegen der anderen Uniform beim verheimlichen ganze Arbeit geleistet. Die Frau hatte wohl das Geschehene nie ganz überwunden, wo doch über Jahre allgemein bekannt war, dass ihr verstorbener Gatte liebend gerne Nachtdienst schob. Bei gerade mal fünf Durchfahrten in der Nacht blieb genügend Zeit für Vergnüglicheres. Im Arztbrief stand damals, da versicherungstechnisch nichts vorlag, Tod durch Ersticken, was ja letztendlich richtig war.

Arbeits - und Freizeitunfälle sind immer tragisch. Doch es muss dazu gesagt werden, dass die Todesursache vielfach auf Routine, Schlamperei und mangelnde Sicherheitsvorkehrungen zurückzuführen ist. Sie kennen sicher alle das Beispiel.

Tisch, Stuhl auf den Tisch und auf den Stuhl noch ein Stockerl gestellt. Dann krabbeln wir in offenen Pantoffeln hinauf. Die Leiter im Keller ist zu weit weg, und viele denken, wegen einer Kleinigkeit zahlt sich dieser Weg gar nicht aus und lassen jede Vorsicht außer Acht.

So wurden wir gegen Abend an einem besonders heißen Sommertag zu einem ziemlich abseits gelegenen Wochenendhäuschen gerufen. Einem Nachbarn, der alle paar Tage in der Nähe seine Bienenstöcke kontrollierte, war aufgefallen, dass seit gut einer Woche Tag und Nacht Licht im Inneren brannte und auf sein Klopfen niemand reagierte. Nur einen eigenartig süßlich fauligen Geruch nahm er immer stärker wahr und Fliegen saßen zuhauf auf den Fensterscheiben. Da die Vorhänge zugezogen waren, sah er nicht in das Innere des Hauses. Die Polizei schickte zwei Beamte. Schnell aber musste Lois den Fall übernehmen. Fliegen bedeuten Schlimmes und uns schwante ebensolches. Als die Türe aufgebrochen wurde, stoben Myriaden von Fliegen aus dem Haus und der bestialische Gestank, der einem wochenlang in der Nase hängt und sich wieder und wieder in Erinnerung ruft, war noch in erheblicher Entfernung zu bemerken, als wir kamen. Wir konnten kaum genügend Kampferöl unter die Nase schmieren, doch Lois hockte ungerührt neben einem zerfließenden Etwas, das einmal ein Mensch war, unter der Küchenspüle und analysierte die Situation. Maden und Käfer krochen zuhauf, Fliegen schwirrten auf dem beinahe unkenntlich gewordenen Körper. Der Unglückliche war, barfuß und nur mit der Unterhose bekleidet, beim Versuch, einen Durchlauferhitzer zu reparieren, in den Stromkreis geraten und blieb am stromführenden Kabel hängen. Den elektrischen Schock überlebte er nicht. Die Sicherungen hatte er, wie sich herausstellte, zuvor überbrückt. Trotz des Kampferöls unter der Nase und einem ordentlichen Zug aus der Schnapsflasche, die auch wir mitführten, kam mir das Essen hoch und ich kotzte mir fast die Seele aus dem Leib. Die Hitze in dem Haus hatte mir den Rest gegeben. Franz, der sonst in den Spitälern Nerven zeigte, machte es zu meinem Erstaunen anscheinend weniger aus. Später sagte er mir, dass er so schockiert war, dass er wie ein Automat reagierte und funktionierte. Einsargen im eigentlichen Sinn war nicht mehr möglich, die Überreste kamen in eine Metallwanne, die anschließend verlötet wurde, bevor diese in den richtigen Sarg kam. An solchen Tagen ist anschließende Abwechslung mit Abschwemmung und Übungen zum Vergessen besonders notwendig.

Einsatz im Hotel. Auch so eine heikle Sache. Jede Hotelleitung will natürlich weder, dass der Leichenwagen vor der Türe steht, noch, dass andere Hotelgäste einen Sarg oder die Bestatter zu sehen bekommen. Je mehr Sterne so ein Hotel hat, desto diskreter ist das Vorgehen erwünscht. Es genügt in so einem Fall, dass die Polizei sichtbar ist. Wenn sich schon das Geschehene nicht in Luft auflösen kann, wir nicht unsichtbar sind, so soll so ein Einsatz möglichst wenig Aufmerksamkeit auf sich ziehen.

Verständlich, aber nicht immer leicht machbar. Wir wurden dann gerufen, wenn sich - im besten Fall – keine Gäste im Haus aufhielten. Noch peinlicher ist es, aber ich persönlich hatte nie so einen Fall, wenn sich jemand aus dem Hotelfenster stürzt.

Wir kamen also mit dem Bergesarg durch den Lieferanteneingang, durchquerten die Küche am staunenden Küchenpersonal vorbei und stiegen dann hinauf zum Zimmer des Toten, einem ausländischen Gast. Das Zimmermädchen hatte ihn am späteren Vormittag gefunden, als sie das Zimmer aufräumen wollte. Stumm vor Schreck rannte sie zur Rezeption und fiel dort, grün im Gesicht um, bevor sie noch etwas sagen konnte. Der Hoteldirektor verständigte die Rettung. Die kam, um das Zimmermädchen ansprechbar zu machen und rief wiederum den Amtsarzt und die Polizei, da im Gästezimmer nichts mehr auszurichten war. Später wurden wir geholt.

Im Zimmer war noch die Kriminalpolizei an der Arbeit. Einige Stellen waren mit Ziffern und Kreide markiert, die beiden Beamten pinselten an jedem erdenklichen Teil herum, um Fingerabdrücke sicherzustellen, untersuchten jeden Gegenstand und schossen eine Menge Fotos. Das Zimmer war einigermaßen, ja, so kann man es nennen, zerwühlt. Der Reisekoffer lag offen in einer Ecke, ein Nachttisch war umgefallen, Scherben einer Lampe lagen auf dem Boden. Im Bett auf dem Kopfkissen ein Gemisch aus Erbrochenem und Whiskey, die fast leere Flasche und Fäkalien auf dem Laken, und dementsprechend war der Gestank. Der nackte Tote lag nur mit dem Oberkörper, der Schnittwunden aufwies, auf dem Bett, die Hände umkrallten einen abgerissenen Vorhang. Nicht verwunderlich, dass unsere Polizei die Kripo verständigte, noch dazu, wo es sich bei dem Toten um einem osteuropäischen Gast handelte. Es hätte gut und gerne eine tödlich endende Streiterei sein können, so wie sich das Bild darstellte. Eine beträchtliche Summe Bargeld befand sich noch im Zimmersafe. „Der hat sich tot gesoffen," sagte ich leichthin, als wir ins Zimmer kamen und ich den Geruch wahrnahm, was ich aber sofort bereute, denn die Kripo wollte unbedingt wissen, warum ich da so sicher wäre, denn es könnte ja genau so gut ein Mord gewesen sein. Ich kam mir schon vor wie ein Verbrecher beim Verhör. Wahrschinlich hätten sie mich geren mich in die Hauptstadt mitgenommen, doch mein Alibi wurde gleich mehrfach bestätigt und durch die Hoteldirektion bekräftigt.

Ich hatte den Nagel auf den Kopf getroffen.

So etwas passierte ab und zu. Herzversagen durch Alkoholvergiftung ergab später auch die Obduktion. Die Schnittwunden stammten von der Lampe. Der Gast hatte einen größeren Geschäftsabschluss getätigt und diesen zuerst mit den Partnern in Restaurant und Bar, anschließend alleine weiter gefeiert. Im Todeskampf verwüstete er das Zimmer. Da lediglich seine Fingerabdrücke und die des Reinigungspersonals zu finden waren, war die Sachlage bald eindeutig. Die anschließende Überstellung in seinen Heimatort endete für uns an der Grenze, wo er von den ausländischen Kollegen übernommen wurde.

Einen Bauernhof zu finden, den man landläufig nur unter dem Hausnamen kennt, aber die Instruktion, dorthin zu fahren hat, bloß mit dem amtlichen Familiennamen, war oft gar nicht so einfach. Navigationsgeräte waren noch unbekannt. Wenn uns der Hausname genannt worden wäre, hätten wir sofort gewusst, wo wir hinfahren mussten, denn es handelte sich um eines der größten Anwesen und einen der reicheren Bauern der Umgebung. Uns verständigte die Polizei, und so dauerte es eine Weile, bis wir zu dem betreffenden Hof kamen. Hier warteten neben der geschockten Familie schon etliche Nachbarn und auch der Pfarrer, der dem Toten die letzte Ölung gespendet hatte. Die versammelte Gemeinschaft begann bereits den dritten Rosenkranz zu beten. So mussten wir nun warten, bis wir an die Reihe kamen.

Der Großbauer, noch keine fünfzig Jahre alt, wurde in seiner Maschinenhalle beim Andocken eines Heuwenders an den Traktor von diesem eingeklemmt und dabei wurde der Brustkorb zerquetscht. Die Bäuerin hatte ihn gefunden, da sie nach einer halben Stunde von ihrem Mann immer noch nichts auf der angrenzenden Wiese hörte und sah. Äußerlich war ihm, bis auf das verschmierte Arbeitsgewand, nur wenig anzusehen, wie er so auf einem Arbeitstisch lag, auf den ihn die Rettungsleute gelegt hatten, als sie versuchten, ihn zu reanimieren. Da war er aber bereits tot. Lediglich aus dem Mundwinkel war ein wenig Blut geflossen.

Als wir endlich nach vielen Gebeten den Bauern in den Bergesarg legen durften, gingen die Anwesenden noch einmal an ihm vorbei und besprengten ihn mit Weihwasser. Zum Schluss kam die Witwe mit dem Anzug, den wir ihm später anziehen sollten, blies die Kerzen aus, die neben dem Verstorbenen brannten, und ging. Wir waren gerade dabei, den Deckel zuzumachen, als sie sich beim Hinausgehen noch einmal umdrehte.

„Åber d`Schuach ziagst eahm aus und bringts mas nochan, wäu de san neich!" rief sie so laut, dass es jeder hören musste, bevor sie die vor dem Tor wartende Trauergemeinde auf Brettlause und Most einlud.

Ein jüngerer Freund starb, gerade einmal Einunddreißig. Er war Vorführer eines bekannten Herstellers von Schaufelbaggern, ein wahrer Künstler auf diesem Gebiet. Nicht nur, dass er mit einem Zinken der drei Kubikmeterschaufel ein Feuerzeug anzünden konnte, welches auf einem Brett stand, was"Wetten dass" zur Ehre und zum Sieg gereicht hätte. Er stellte für Kunden und Interessenten Situationen nach, wie im schwierigsten Gelände ein gekipptes Schwergerät wieder aufgestellt oder gedreht werden kann, wie man sich aus einem im Wasser versinkenden Bagger rettet und vieles mehr. Ob Rad- oder Kettenbagger, egal welche Größe, er beherrschte sie alle. Er stellte diese Maschinen auch zu, sein LKW war auf den Autobahnen Europas vielfach bekannt als einer der schönsten und gepflegtesten Trucks.

Wir kannten uns vom Motorsport, denn er war wie ich ein recht guter und erfolgreicher Autoslalomfahrer. Mitglieder im selben Club, fuhren wir liebend gerne gegeneinander um die vordersten Plätze. Eine nette Frau und ein kleiner Junge, ein neu gebautes Haus und sein sicherer Job ließen ihn nichts vermissen.

Dann kam dieser schicksalhafte Tag. In einem als äußerst schwierigen Gelände bekannten Waldstück führte er einige Schwergeräte dem eingeladenen, staunenden Publikum vor. Nach der Präsentation musste er noch Rede und Antwort den Fragen der Interessenten stehen. Der Verkaufsleiter war hoch zufrieden, er konnte sich auf gefüllte Auftragsbücher freuen. Nach dem Verladen der Bagger auf den Truck hätte mein Freund eigentlich nach Hause fahren können. Er wollte nur noch eine Kleinigkeit essen. Später sagte der Wirt, dass er zum Essen lediglich ein kleines Bier getrunken hatte, was auch aus der Rechnung ersichtlich war. Warum er noch einmal ein Gerät vom Tieflader nahm und damit in den Wald fuhr, weiß niemand. Was hatte er vor? Wollte er etwas ganz Neues ausprobieren, was noch nie versucht wurde? Jedenfalls stand der Truck am nächsten Morgen noch immer auf dem Parkplatz. Bei einer groß angelegten Suchaktion wurde er schließlich am frühen Nachmittag entdeckt. In einem extrem steilen Abhang des Waldes, relativ weit weg vom Vorführplatz. Von der schweren Antriebskette des Baggers waren beide Beine bis nahe zum Rumpf hinauf zerquetscht. Er musste fürchterliche Qualen gelitten haben, bis er starb. Vorstellbar war nur, dass er diesen Steilabhang bei der Besichtigung des Geländes gefunden hatte und eventuell für die nächste Vorführung noch etwas Spektakuläreres vorhatte.

Ein letztes Mal fuhr ich mit und nicht gegen ihn. Meinen Freund im Sarg, raste ich in ralleymäßigem Tempo vierzig Kilometer weit auf einer kurvenreichen Straße bis zur Bundesstraße und von dort zur Aufbahrungshalle. Stellen sie sich vor, ein Leichenwagen, der eher durch gemächliche Fahrweise auffällt, überholt sie mit weit über hundert Stundenkilometern, schneller als es die Rettung oder der Notarzt vermag. Natürlich erwischte mich das Radar. Der Polizist hatte kein Einsehen mit meinem Argument, dass ich einem Rennfahrer den letzten Freundschaftsdienst erwies. Die hundertfünfzig Schilling bezahlte ich gerne. Mein Freund aber, und das wusste ich ganz genau, hätte seine Freude daran gehabt.

Das Begräbnis war berührend und traurig. Unter riesiger Anteilnahme seiner Familie, Freunde und Kollegen hielten sein Chef und ich die Trauerreden. An die fünfzig Bagger, Trucks und Rennautos begleiteten den Sarg, der auf einem Tieflader zum Friedhof geführt wurde. Seine Frau hielt tapfer und gefasst durch. Als seine Freunde aber den Sarg in die Grube ließen, konnte sie nicht mehr.

"Was hast du mit dem Scheißbagger dort verloren, was hast du mir und dem Kleinen angetan, warum lässt du uns alleine!" schrie sie heraus. Dann brach sie zusammen.

SUIZIDE

Laut Statistik nehmen sich in Österreich drei mal mehr Leute selber das Leben, als es tödliche Verkehrsunfälle gibt. Unser Land liegt mit fünfzehn Toten pro einhunderttausend Einwohnern in der Suizidrate leider ziemlich weit über dem EU Durchschnitt. Selbstmorde oder Selbsttötungen, wie man heutzutage sagt, sind ein trauriges Kapitel für sich. Die Motive sind vielfältigster Art, oft nicht nachvollziehbar oder nur schwer zu verstehen.

Junge oder Alte, die einen Versuch machen als Hilfeschrei, den keiner wahrnimmt und der letztendlich tragisch endet.

Menschen, die sich das Leben nach langer Überlegung und exakter Vorbereitung nehmen oder solche, die in einer spontanen Entscheidung aus dem Leben scheiden, weil sie sich zur falschen Zeit am falschen Ort befinden und niemand da ist, mit dem sie in den entscheidenden zwei Minuten bis zur Ausführung reden können. Haben sie es sich verbessert?

Kamekazifahrten mit dem Auto, in vollem Bewusstsein eine Mauer anzusteuern oder einen entgegenkommenden Lastwagen, immer wieder kommt so etwas vor.

Der Sprung in die Tiefe - er fordert doch genau so viel Mut wie der Wille zum Leben, oder nicht?

Die vielen idiotischen Mutproben, wie Russisches Roulette beispielsweise. Tote gibt es jedes Jahr auf Eisenbahnwaggons, nur weil es lustig ist, darauf rumzuturnen. Noch dümmer ist Zielpinkeln von oben auf eine Oberleitung. Der Lichtbogen einer zwanzigtausend Volt starken Oberleitung ist immer stärker und Sieger. Oder leichtsinniges Handeln mit dem Wissen, dass sich der Tod dazu schlagen könnte. Tödlich endende Sexspiele passieren ebenfalls immer wieder.

"Tausend Wege um ins Gras zu beissen" heißt eine Sendung im Fernsehen und sie erfreut sich großer Beliebtheit. Das Wie der Suizide ist dabei beinahe unerschöpflich, die Phantasie grenzenlos. Man kann gar nicht glauben, was Menschen alles tun, um ihrem Leben bewusst - oder auch unbewusst - ein Ende zu setzen.

Bei unheilbaren Leiden, in scheinbar auswegloser Situation jedweder Art oder schlimmen Verbrechen sehen viele Menschen im Freitod die Rettung und Lösung ihrer Probleme. Was sind die Gedanken in diesen letzten Sekunden, bevor Sauerstoffmangel die Sinne schwinden lässt, das letzte Blut aus dem Körper rinnt, die Kugel ins Hirn fährt, sich die Lunge mit Wasser füllt oder der Aufschlag auf dem Boden unmittelbar bevorsteht? Bereut man es doch, wo es zu spät ist? Gehört Mut dazu oder ist es die Verzweiflung, die jeden anderen Gedanken ausschaltet und den letzten Schritt setzt? Beides ist für mich gleichermaßen unvorstellbar als auch absolut schlüssig. Die Frage nach Hilfe oder vernünftigem Handeln stellt sich nicht oder nicht mehr. Es ist aus und vorbei und unwiderruflich. Eine Antwort nach dem Warum liegt bestenfalls in einem Abschiedsbrief.

Wir erlebten die ratlos und schockiert Zurückgebliebenen oft und oft. Dabei könnte so manches Leben gerettet werden, wenn sich der Gefährdete rechtzeitig und bei den ersten ernsthaften Gedanken an Selbstmord in professionelle Hilfe begeben würde. Oder das Umfeld nicht gleichgültig die oft nur winzigen Zeichen, Hinweise und Veränderungen erkennt.

Ein Neunzehnjähriger, der gerade eine gut bezahlte Stelle als Installateur angetreten hatte, kaufte sich von seinem ersten Lohn einen Gebrauchtwagen, ein sogenanntes Jahresauto. Die erste Anstellung nach dem Bundesheer, wo er selbst dort seinen schmalen Sold auf die Seite legte und sparte. Weder rauchte noch trank er, im Gegensatz zu etlichen seiner Freunde, für die er an deren Wochenendbesäufnissen immer der nüchterne Taxler war. Egal, wie spät, er kam und fuhr. Dieser VW Golf war sein ganzer Stolz.

Im elterlichen Haus bewohnte er immer noch sein Zimmer, wo er schon als Kind aufwuchs. Sein großer Wunsch war, so bald als möglich die Meisterschule zu absolvieren, um selbständig zu werden und sich dann seinen Traum erfüllen zu können, ein richtig schönes und großes Luxusauto, am liebsten einen Ford Mustang.

Eines Tages, als er nach der Arbeit nachhause fuhr, wich er einem Fasan aus. Dabei fuhr er gegen eine Schneestange. Bestürzt erzählte er die Episode seinem Vater, der mit ihm den Schaden begutachtete. Die Kühlermaske war leicht beschädigt und die Motorhaube hatte eine kleine Delle. Lediglich ein Bagatelleschaden, um ein paar Hunderter zu richten, wie ihn sein Vater beruhigte.

Anschließend ging der Junge hinauf in den ersten Stock zu seinem Zimmer, um sich zu waschen und zum Essen umzuziehen. Als er nach einer Viertelstunde noch immer nicht im Esszimmer erschienen war, obwohl ihn die Mutter schon ungeduldig rief, ging sein Vater hinauf, um ihn zu holen.

Es war zu spät. Der Junge hing, halb kniend, im Fensterkreuz. Er hatte nur eine Krawatte aus dem Schrank genommen, die er um seinen Hals und den Fensterriegel schlang. Eine geöffnete Kassette mit mehreren hundert und fünfhundert Schillingscheinen darin stand auf dem Schreibtisch, die Autoschlüssel lagen daneben. Die verzweifelten Wiederbelebungsversuche des Vaters halfen nichts mehr, der Notarzt konnte nur mehr den sinnlosen Tod dieses jungen Menschen, dessen Zukunft offen und so vielversprechend war, feststellen. Das Begräbnis war dementsprechend traurig und bewegend. Sehr viele Arbeitskollegen, Freunde und Bekannte gaben ihm das letzte Geleit und waren entsetzt über dieses tragische Ereignis.

Seit dem Tod dieses Jungen lachte der Vater nicht mehr, zog sich, der sonst gerne unterwegs und im Freundeskreis ein beliebter Unterhalter war, immer mehr zurück. Zweieinhalb Jahre später holten wir auch ihn ab.

Er litt an einem aggressiven Krebs, sprach aber mit niemandem darüber und ließ sich nie etwas anmerken. Auch nicht seiner Frau gegenüber. Irgendwann brach er zusammen, und als ihn seine Frau in das Krankenhaus bringen ließ, hatten sich die Metastasen schon zu lange ausgebreitet gehabt. Er starb, ohne das Bewusstsein wiedererlangt zu haben. So gesehen konnte auch sein Tod letztendlich als Selbstaufgabe und Selbstmord gelten.

Eines Nachts kam ein Anruf mit dem Hinweis, den Bergesack nicht zu vergessen. Wir fuhren zu dem angegebenen Haus, ein Einfamilienhaus wie dutzend andere auch, bestehend aus Keller, Erdgeschoß und Dachgeschoß. Im Keller, im hintersten Winkel des Heizraumes, lag, beziehungsweise hing ein jüngerer Mann mit dem Gesicht nach unten fast auf dem Boden, nur mit Unterhose und Socken bekleidet, einen kurzen Strick fest um den Hals geschlungen. Das andere Ende war auf ungefähr vierzig Zentimeter Höhe um ein Heizrohr gebunden. So ein Szenario war selbst für die Beamten der Polizei neu. Werner wartete auf uns. Der Arzt war schon weg, die Totenstarre war schon vor vielen Stunden eingetreten, als wir den Strick lösen und den Mann bergen mussten. Wir sollten den Toten zur Autopsie bringen, denn Arzt und Polizei wollten sicher gehen, dass nicht doch Fremdverschulden vorliegt.

Die Frau war ziemlich früh am Vormittag mit ihrem dreizehnjährigen Jungen in die Hauptstadt gefahren, um einige Besorgungen zu erledigen. Der Mann wollte nicht mit, was ihr ganz recht war. Er würde sowieso nur darauf drängen, in irgendein Lokal zu gehen und dort zu trinken.

Die Ehe war schon lange zerrüttet und diese Tatsache in der Siedlung allgemein bekannt. Der Mann schwerer Alkoholiker, lange schon arbeitslos und wegen Depressionen seit kurzer Zeit in ärztlicher Behandlung. Nur der gemeinsame Junge hielt sie noch zusammen. Sie lebten aneinander vorbei. Als sie nachhause kamen, sah sie nur, dass ihr Mann nicht da war. Sie wähnte in am Saufen mit seinen Kumpanen. Als er aber am späteren Nachmittag immer noch nicht auftauchte, was eigentlich gegen seine Gewohnheit war und kaum vorkam, rief sie bei Bekannten an, um sich nach ihm zu erkundigen. Sie suchte im Haus nach ihm, denn niemand hatte ihn gesehen.

Noch dachte sie sich nichts dabei. Doch um zehn Uhr Abend war er, ganz gegen seine Gewohnheit und Besäufnisse, immer noch nicht zuhause. Das war noch nie vorgekommen.

Da ahnte die Frau Schlimmes. Im letzten halben Jahr hatte der Mann hatte drei Versuche unternommen, sich aufzuhängen, was ihm aber bis dahin nicht gelang. Einmal krachte die Hängelampe, an der er den Strick befestigte, von der Decke und brachte ihm nur eine Beule am Kopf mit Gehirnerschütterung und ein paar Tage Krankenhaus ein.

Die beiden anderen Versuche scheiterten daran, da ihn seine Frau rechtzeitig fand. Als gelernte Krankenschwester konnte sie erste Hilfe leisten und sie war es auch, die ihn gedrängt hatte, sich doch endlich in die notwendige psychiatrische Behandlung zu begeben. Trotzdem unterstellten ihr manche Leute, dass sie nur darauf warte, beim nächsten Versuch nicht im Haus zu sein.

Gerüchte einer Kleinstadt. So rief sie die Polizei zu Hilfe und gemeinsam durchsuchten sie das Haus ohne Erfolg. Eine Eingebung ließ sie im Heizraum genauer nachschauen.

Warum, konnte sie später nicht sagen. Zuerst dachten sie an eine Maus, da ein leichter Geruch in der Luft hing, aber dann sahen sie im Dämmerlicht die Beine hinter dem Heizkessel. Er musste seinen Tod unmittelbar nachdem seine Frau aus dem Haus war, herbeigeführt haben. So versteckt, dass er mit Sicherheit nicht so schnell gefunden würde, was dann auch eintraf. Und diesmal war er auf Nummer sicher gegangen.

Wir waren im Einsatz. Ein achtzigjähriger ranghoher Landesbeamter in Ruhe hatte sich erhängt, während seine Frau über Nacht bei ihrer Tochter war, um auf die Enkelkinder aufzupassen. Dieser Termin war schon seit längerem vereinbart. Als sie nachhause kam, hing er im Vorzimmer, nur mit einem Nachthemd bekleidet, unter ihm lag auf dem Boden ein noch feuchtes Reinigungstuch. Den Teppichläufer hatte er aufgerollt und auf die Seite gelegt. Für das Seil um seinen Hals hatte er die Deckenleuchte abmontiert und deren Aufhängung gewählt.

Dann kam die nächste Überraschung. Seinen Freitod musste er schon lange und termingerecht vorbereitet haben. Auf dem Esszimmertisch lagen fein säuberlich seine persönlichen Dokumente, fertig gedruckte Parten, Kuverts mit Adressen und Briefmarken, Totenbilder und die Bestellung eines Sarges mit der Vereinbarung zur Lieferung. Schriftliche, exakte Anweisungen für den Ablauf seines Begräbnisses, sowohl in der Kirche als auch auf dem Friedhof und den Einladungen zur Zehrung. Selbst den Nachruf hatte er geschrieben mit der Bitte, dass diesen sein Schwiegersohn vorlesen sollte. Dazu eine Entschuldigung an unsere Bestattung, dass er sie, wie er schrieb, aus hoffentlich verständlichen Gründen nur mit dem Begräbnis selbst beauftragte. In einer Mappe lagen sein Testament, Anweisungen für die Aufteilung seiner persönlichen Habseligkeiten und Wertgegenstände, Bankanweisungen, Sparbücher, Kündigungsschreiben an Vereine und Organisationen, in denen er Mitglied war. Auf einem Sessel lagen Unterwäsche, Hemd und Krawatte, auf der Lehne hing ein schwarzer Anzug. Dazu noch ein großzügigs Trinkgeld für uns. Für alles hatte er vorgesort. Nur einen Abschiedsbrief suchten seine Angehörigen vergeblich. Er hatte keinen verfasst. Oft ist es ja so, dass postmortem manche Dinge ans Tageslicht kommen, die den Betreffenden auf einmal in einem ganz anderen Licht erscheinen lassen und manches besser nicht an die Oberfläche gekommen wäre. Sein Selbstmord aber blieb ein ungelöstes Rätsel. Nachfragen bei Freunden, sonstigen Familienangehörigen, Ärzten brachten kein Ergebnis. Er war kerngesund, geistig fit, es gab weder Geldschwierigkeiten, familiäre oder sonstige Unstimmigkeiten irgendwelcher Art.

"**Frau** warf sich vor einen Regionalzug."

"Betrunkener wollte die Gleise noch vor dem einfahrenden Zug überqueren."

"Schüler übersah den herannahenden Schnellzug".

Mit Anrufen dieser Art mussten wir immer rechnen, egal um welche Uhrzeit. Jedes Jahr hatten wir solche Einsätze. Meistens bei Nacht, denn am Tag hätte ein Zugführer noch den Versuch oder die Gelegenheit, eine Notbremsung einzuleiten und dadurch das Schlimmste zu verhindern. Mit Taschenlampen und Scheinwerfern sucht man eine

Strecke von mehreren hundert Metern ab. Während der Lokführer – manchem passierte so etwas schon mehrmals – meistens völlig fertig im Rettungsauto sitzt, sind wir unterwegs. Jeder mit einem grauen großen Plastiksack, um die einzelnen Körperteile einzusammeln. Meter für Meter, es darf nichts übersehen werden. Auch am Tag danach, wo wir einmal noch einen abgetrennten Fuß suchen mussten und schließlich unterhalb der Bahntrasse fanden. Mit dem Risiko, selbst unter die Räder eines auf dem Gegengeleise heranbrausenden Zuges zu kommen. Ernstl erzählte einmal,

dass der Hund eines Spaziergängers drei Tage später mit einer halben Hand im Maul daherkam. Das war aber einige Kilometer weit weg von einem Unglücksort. Dieses Stück Hand war während der Weiterfahrt neben das Gleis gefallen.

Ein Aufgebot an Polizei mit Suchhund und Kriminalpolizei war die Folge, es hätte ja auch genauso gut Mord sein können oder ein anderer noch unbekannter Unfall.

So auch in einer feuchtkalten Nacht auf der Hauptstrecke. Ein Mann wartete zwischen den Geleisen auf einen Zug, lief auf diesen zu und stolperte dabei. Der Unbekannte kam unter die Lokomotive, und diesem Umstand war es auch zu verdanken, dass wohl fast alle Knochen gebrochen waren, er aber weitestgehend ganz war. Der Lokführer hatte keine Chance mehr, den Güterzug rechtzeitig zu stoppen. Bei fast dreissig Waggons die Leiche zu finden, war nicht ganz einfach.

Vergeblich versuchten Polizei und Rettung, den Gemeindearzt zu verständigen, damit wir den Mann abtransportieren können. So warteten wir über eine Stunde. Längst war ein Ersatzlokführer gekommen, um zu übernehmen und die Fahrt fortzusetzen. Wieder andere Züge mussten in Bahnhöfen auf die Freigabe warten. Und kein Arzt kam. Also gaben wir in Übereinstimmung mit der Polizei die Strecke frei und lieferten den Toten in die Aufbahrungshalle. Nach vier Stunden unruhigen Schlafs läutete das Telefon, der Gemeindearzt rief an, ich solle sofort in die Halle kommen. Ich ließ mir gebührend Zeit, der Arzt schäumte vor Ungeduld

"Ich habe gesagt gleich, und nun warte ich schon länger als eine dreiviertel Stunde."

"Na und? Wir haben in der Nacht über eine Stunde auf dich gewartet, aber dir war ja der Jägerstammtisch wichtiger, obwohl du Bereitschaft gehabt hättest." erwiderte ich.

Wir wechselten ein paar unschönere Worte. Dann musste ich den Bergesarg öffnen, was er ja auch längst machen hätte können.

Nach einem flüchtigen Blick auf die Leiche erklärte der Arzt. "Ja, der ist tot, aber das gibt dir noch lange nicht das Recht, eigenmächtig zu handeln. Immer noch bin ich der Arzt, und ich stelle den Tod fest und sonst keiner. Und wenns einer ohne Kopf ist. Das nächste Mal habt ihr eben zu warten, bis ich komme".

Zwei weiter Särge in der Aufbahrungshalle musste ich auf sein Geheiß hin ebenfalls noch öffnen, obwohl er als Gemeindearzt diese Toten schon längst gesehen hatte. Meine Laune besserte sich nicht. Ich nannte ihn einen Gott in Weiß, der mir nichts zu sagen hätte, und mehr. Er schrie nur noch einmal, wir hätten auf ihn zu warten, egal wie lange. Dann drehte er sich um und ging, reagierte auch nicht mehr auf mein laut gerufenes "sicher nicht". Das Verhältnis war aber nicht lange so getrübt, schon beim übernächsten Fall war es wieder wie immer korrekt. Ich war nicht sein Patient, und deshalb blieb es die Zeit über bei bloßer Sachlichkeit.

Die Polizei hatte schnell herausgefunden, dass der Mann mehr als siebzig Kilometer mit seinem Auto, welches man auf einer Nebenstraße fand, gefahren war, nur um sich genau auf diesem Streckenabschnitt vor den Zug zu werfen. Hohe Spielschulden und der drohende Verlust des gut dotierten Arbeitsplatzes waren der Grund für seine Verzweiflungstat, wie er in einem Abschiedsbrief, den die Beamten fanden, schrieb.

Nach einem feuchtfröhlichen Abend wollte sich einer Gäste den Umweg durch die Unterführung sparen und überquerte, nachdem sie ihn in der Bahnhofsrestauration gegen halb zwei Uhr früh hinaus warfen, die Geleise dirkt beim Bahnhof. Bis

Gleis drei kam er, dann kam ein langsam durchfahrender Güterzug. Er wurde am Kopf erwischt und war sofort tot. Als wir gerufen wurden, waren noch zwei Polizisten, Werner und ein Polizeineuling vor Ort und warteten auf uns. Wie gewöhnlich untersuchten wir die Taschen, fanden aber keinen Hinweis auf die Identität des Toten. Ich schaute mir den Kopf näher an.

Seltsam war, dass nur Knochenteile des Hinterkopfes und des Gesichtes komplett fehlten, das Fleisch im Gesicht selbst aber mehr oder weniger unbeschädigt schien.

"Ich glaube, das ist der Heinz N.", sagte ich. Auch die Figur des Mannes passte. Ich kannte ihn, weil er, obwohl er keinen Führerschein und nicht einmal ein Moped hatte, Mitglied in unserem Motorsportclub war. Daraufhin schaute sich Franz noch einmal das Gesicht näher an und konnte meine Vermutung bestätigen, da Heinz immer noch bei seinen betagten Eltern nur ein paar Häuser weiter als mein Partner wohnte.

Auf einmal wurde der Frischling, der gerade sein Pflichtjahr in der Shoppingcity Süd als"Parkwächter" hinter sich hatte, munter. Bis dato hatte er, grün und gelb im Gesicht, kein Wort gesprochen und sich im Hintergrund gehalten.

"Da müssen wir doch sofort seine Angehörigen verständigen", meinte er übereifrig und wollte gleich los. Partout wollte er sich nicht davon abbringen lassen, bis es Franz zu dumm wurde."Hör mal, Junge, du spinnst wohl komplett?", sagte er,"jetzt um diese Zeit? Willst du, dass die alten Leute auch gleich sterben? Morgen früh ist noch Zeit genug dazu. Und überhaupt, wie willst gerade du denen das beibringen? Hast es wohl in der Polizeischule gelernt. Ich glaube, für dich ist es besser, du schreibst wieder nur Parksünder auf. Steht dir sicher besser." Franz war richtig empört, wie ich ihn noch selten sah. "Für sie, " und das sie betonte der Junge besonders, "bin ich immer noch der Herr XY, und seien sie froh, wenn ich sie nicht wegen Alkohol im Dienst und am Steuer anzeige." Das brachte mich auf die Palme. "Wichtigwürschtl, speib erst einmal, dann gehts dir wieder besser. Und fahren wirst du sicher nicht." lachte ich. Der Jungspund wollte halt bei der Polizei hoch hinaus. Dass wir ihn auslachten und ihn einen Deppen nannten, ärgerte ihn umso mehr. Wir hatten den Flachmann kreisen lassen, der Neuling lehnte natürlich strikt ab und rügte seinen Kollegen, weil sich auch Werner einen kräftigen Schluck gönnte. Am liebsten hätte er uns noch wegen Beamtenbeleidigung angezeigt. Er wollte sich gar nicht beruhigen. Er würde uns schon bei einer Ordnungswidrigkeit erwischen, meinte er. Das hätte er besser nicht sagen sollen, denn Franz und ich drohten ihm unisono mit einer Mordstrumm Watschn.

Der Lebensmüde im Bergesarg war für einige Minuten vergessen.

Als ich noch sagte, das wir ihn gleich zu dem Toten in den Sarg legen würden, wenn er weiter so blöd ist und sich aufregt, musste Werner schließlich beruhigend eingreifen.

Mordalarm! Eine sehr alte Dame war von ihrer Nichte, die sie besuchen wollte und einen Schlüssel hatte, in ihrer Wohnung tot aufgefunden worden. Mit einem Gürtel an einen umgekippten Stuhl gebunden, eine Blutlache auf dem Fußboden, ein aufgerollter Teppich daneben. Rasch aber war Entwarnung gegeben, ein Abschiedsbrief lag auf dem Küchentisch. Die Frau war einsam geworden, ihr Mann drei Monate vorher gestorben. Erst kürzlich hatten sie noch eiserne Hochzeit gefeiert. Sie waren demnach fünfundsechzig Jahre verheiratet gewesen. Nun wurde ihr alles zu beschwerlich, noch dazu, wo sie penibel auf Sauberkeit in der Wohnung und bei sich selber achtete. Aber sie wollte nicht mehr so weiterleben. Außer ihre Nichte hatte sie nun niemanden mehr. Die nahm sich extra Urlaub für die ersten Wochen, aber dann musste auch sie wieder weg. Sie konnte nicht ewig ihrer Arbeit fern bleiben. Die betagte Frau nahm etliche Schlaftabletten, setzte sich auf einen Stuhl, band sich mit einem Gürtel fest darauf, stellte die Füße in eine Wasserschüssel mit etwas warmem Wasser und stach sich mit einer dicken Stricknadel die Wadenvenen auf. Sie wollte einfach keine Sauerei hinterlassen. Auf ein Tischchen vor sich hatte sie das Bild ihres verstorbenen Mannes gestellt. Als sie das

Bewußtsein verlor, kippte sie mitsamt dem Stuhl um. Das wars – erschütternd, auch für uns.

Ein denkwürdiger Einsatz betraf einen allseits bekannten und beliebten Handwerker. Ein großer, massiger Typ, gut einhundertzwanzig Kilo schwer. Dem Mann war eine unheilbare Krebsdiagnose gestellt worden, die er zum Anlass nahm, seinem Leben ein Ende zu setzen. Als gewissenhafter Handwerker war er bekannt, es mit Sicherheitsmaßnahmen ganz genau zu nehmen, was schon in eine Manie ausartete. Seine vier Arbeiter und seine Familie nervte er ständig damit.

Nur bei sich selbst war scheinbar alles egal. Er rauchte bis zu fünf Packungen stärkste filterlose Zigaretten , und sein Kaffeekonsum betrug mindestens zehn doppelte Mocca – aber nur mit halber Wassermenge - täglich. Auch seine übrige Lebensweise war ziemlich locker. Auf Gesundheit achtete er nicht. Die einzige Sicherheit an sich selbst war, dass er zusätzlich zum Gürtel auch Hosenträger trug. Als wir gerufen wurden, war die Arbeit von Polizei, Arzt und Priester schon beendet. Nur der Herbert, ein Polizist, wartete auf uns. "Wir haben schon gemeint, er wäre ermordet worden," erzählte er, "denn ihr seht ja selbst, in welcher Blutlache er liegt."

Und wirklich, die Kellertüre war offen, der Tote lag halb im Vorhaus und halb auf der Kellerstiege. Unmengen Blut im Vorraum und auf der Treppe.

Was geschehen war, hatte die Polizei bald folgendermaßen rekonstruiert. Der Mann ging in den Keller, schraubte einen Haken in die Decke, stieg auf einen Hocker, legte sich einen Strick um den Hals, ließ sich in die Schlinge fallen und schoß sich gleichzeitig mit einer kleinkalibrigen Pistole ins Herz. Ich sagte schon, Sicherheitsfanatiker. Doch der Haken riss aus der Holzverschalung, der Schuss war nicht sofort tödlich. Der Bedauernswerte schleppte sich noch irgendwie die Kellertreppe hinauf, wo er dann endgültig zusammenbrach und starb. Dort fand ihn nur wenig später einer seiner Arbeiter.

Im Waschraum der Leichenhalle blutete er immer noch und wir konnten ihn nicht anziehen. Dabei wartete seine Familie schon vollzählig und ungeduldig in der Aufbahrungshalle, um in Ruhe von ihm Abschied nehmen zu können, denn der Freitod hatte sich in Windeseile in der Stadt herumgesprochen und die ersten Neugierigen waren im Anmarsch, sowohl zum Friedhof als auch auf sein Anwesen. Im Haus war einstweilen ein Reinigungstrupp an der Arbeit. Franz und ich stillten die Blutung, indem wir das Einschussloch mit Wachs verschlossen. Anders wussten wir uns nicht zu helfen. Erst dann konnten wir ihn in den Sarg legen und angezogen der Familie präsentieren.

Ein Jäger war im Mai, wo Bäume und Sträucher schon ihr sattes Grün tragen und Zecken Hochsaison feiern, mit seinem Hund im dichtesten Auwald unterwegs. Er suchte schon eine gute Viertelstunde lang nach einem angefahrenen Reh, als der Hund anschlug und ihn an einen Baum führte. Ein Mann saß angelehnt am Stamm, ein rot umrandetes Loch in der Stirne, um das Fliegen schwirrten, eine Pistole neben sich und einen Koffer vor sich. In dem Koffer befanden sich seine Arbeitsutensilien, er war Zirkusclown gewesen. Eine Ironie des Schicksals. Auch hier war es offensichtliche Selbsttötung, wie die spätere Obduktion bestätigte. Bei dieser stellte sich heraus, dass er an einem aggressiven Darmkrebs litt und ihm eine Restlebenszeit von maximal einem halben Jahr blieb. Nur mehr die massive Einnahme von Morphium machte die Schmerzen halbwegs erträglich. Angehörige hatte er keine. Ein Routinefall wie viele andere.

Diese Geschichte erzähle ich in erster Linie deshalb, weil ich Ihnen, werter Leser, vor Augen führen möchte, wie es ist, sich mit einem sperrigen Bergesarg im Wald einen Kilometer weit durchzukämpfen, um dann jemanden, der seit drei oder vier Tagen tot ist und immer noch neunzig Kilo wiegt, zu bergen. Der Leichengeruch wie ein Schatten als ständiger Begleiter um uns. Auch das gehört zu unseren Aufgaben. Menschen in anderen Berufen denken an solche Dinge nicht, wenn sie in der Zeitung oder im Fernsehen über solche Ereignisse informiert werden.

Sprünge von Hausdächern, Fenstern, Türmen und ähnlichen Höhen sieht man in jedem zweiten Krimi. Ich wundere mich immer wieder, dass hier die "Toten" erstens nicht zerschmettert, sondern geschmackvoll dekorativ und zweitens meistens drei bis vier Meter von der Mauer weg liegen. Die Wenigsten, denke ich, versuchen noch einen rekordverdächtigen Weitsprung aus dem Stand zu absolvieren. Die Wirklichkeit schaut ganz anders aus.

Kein Mensch stellt noch einen Weitsprungrekord auf, wenn er vom Dach, von der Brücke oder aus dem Fenster springt. Wer sich nur ein wenig mit Physik befasst, sollte es besser wissen. Je nach dem, wie ein Körper aufschlägt, sind mehr oder weniger alle größeren Knochen gebrochen, die inneren Organe zerfetzt, auch wenn von Außen oft nicht allzu viel zu sehen ist.

Es ist meistens ein formloses Etwas, was später in den Sarg gelegt wird. Bergretter können ebenfalls ein Lied davon singen, denn diese traurigen Einsätze haben sie immer wieder. Einen Sturz oder Sprung aus zehn Metern Höhe zu überleben, grenzt fast schon an ein Wunder, auch wenn ich persönlich eine Fall kenne, wo eine junge Frau den Sprung aus siebenundzwanzig Metern lebend überstand. Vierzehn Monate Krankenhaus, unzählige Operationen und ein Leben lang auf Gehhilfe angewiesen sind die Folge. Noch tragischer und sinnloser, dass sie – ihren eigenen Angaben zufolge - wieder springen will.

Eine Frau aus den Niederlanden, gerade einmal zwanzig Jahre jung, fuhr mit ihrem Auto eine Bergstraße hinauf, anschließend über eine Almwiese, nur um sich zuletzt mit dem Fahrzeug gut sechshundert Meter über eine steile Felsrinne hinunter zu stürzen. Sie musste sich diesen Abschnitt vorher gründlich angesehen haben. Zwischen zwei Felsblöcken durch war die einzige Möglichkeit, ganz nach unten zu kommen und nicht schon weit oben an irgend einem Vorsprung hängen zu bleiben. Bewusst hatte sie sich nicht angeschnallt, und so wurde sie bei einem der Überschläge aus dem Auto geschleudert, und kam nur einige Meter weg von ihrem Fahrzeug auf einer Straße ganz unten zu liegen. Auto und Mädel bis zur Unkenntlichkeit verstümmelt. Die Familie wollte diesen Selbstmord nicht wahrhaben und als tragischen Unfall sehen, redeten sich auf Unkenntnis des Geländes und Nebel an diesem Abend aus. Die Fakten und etliche Fotografien von diesem Ausblick bewiesen aber etwas anderes. Denn es war eine Lieblingsstelle des Mädchens, an der sie sich im Urlaub, wo sie in unserer Stadt in einer Pension wohnte, oft und gerne aufhielt.

"Warum?" schrieb jemand Unbekannter auf einen Stein an der Absturzstelle.

Die junge Frau hatte Arbeit, Familie, Freunde. Niemand wusste von Problemen oder Depressionen. Es gab keinerlei Anzeichen, kein Motiv, keinen Abschiedsbrief. Was trieb sie zu dieser Verzweiflungstat? Es blieb ihr Geheimnis. Immerhin fuhr sie fast tausend Kilometer, nur um sich hier das Leben zu nehmen. Es war eine traurige Fahrt, die wir hatten, bevor sie mit dem Flugzeug in ihre Heimat überführt wurde.

Was heute auch nicht mehr so einfach ist, ist der Suizid mit Autoabgasen. In Zeiten von Katalysator und Abgasreinigung ist so etwas schon schwierig. Damals war diese Technik nur teuren Modellen vorbehalten, nicht jeder konnte sich so ein Auto leisten.

Einer meiner engsten Freunde wählte diese Art, sein Leben zu beenden. Was gehörte da für eine Vorbereitung dazu, wenns nicht gerade in der versperrten und nicht belüfteten Garage war. Schlauch und Dichtungsmaterial besorgen, das Ganze montieren und dann den Motor anlassen und den Gestank aushalten, bis die Sinne schwinden. Vorher noch den geeigneten Platz aussuchen, um nicht sofort aufzufallen. Und der Motor läuft so lange, bis der Sprit aus ist. Welchen Mut, welche Entschlossenheit muss jemand dafür aufbringen, und welch tiefe Verzweiflung und Hoffnungslosigkeit hatten diese Menschen erfasst, den Schritt zu tun. Mein Freund war Alkoholiker, als Folge davon kamen Probleme in der Firma. Dabei war er in einer Position, wo er vielen seiner Kollegen Vorbild war, bevor er massiv zu trinken anfing. Natürlich begannen im Zuge dessen vermehrt private Differenzen mit seiner Frau, die sich mehr und mehr zurückzog. Der typische Fall, wo sich die Katze in den eigenen Schwanz beisst, wie das Sprichwort heißt. Wie oft hatte er versucht, mit dem Trinken aufzuhören. Zwei Entzüge wurden ihm von der Geschäftsleitung bezahlt, aber nach einem Monat fing er jedes mal wieder an. Warum brachte er nicht diese Kraft auf, mit dem Trinken aufzuhören, wenn er die Kraft für den Selbstmord hatte? Das frug ich mich nicht nur damals. Ich erinnere mich heute noch gut an die vielen Gespräche, die wir darüber führten.

Und wie oft, wenn er wieder rosa Elefanten! sah, nahm er sich vor, mit dem Trinken aufzuhören. Mehrmals hatten wir Abholungen dieser Art.

Verdammter Alkohol, wenn es zu viel davon wird!

Ja, und es stimmt, so ein Auto, und ist es noch so teuer, ist unverkäuflich, wenn die Zersetzung der Leiche erst einmal eingesetzt hat. Besonders in der warmen Jahreszeit. Ein befreundeter Automechaniker konnte ein Lied davon singen. Der Neunelfer war einfach zu neu und zu schön, als dass er sich diese Gelegenheit entgehen lassen wollte. Ein fast neuer Sportwagen um nicht einmal fünfzehn Prozent des Verkaufspreises! Da muss man doch zugreifen.

Reinigen und desinfizieren nützt nichts. Sitze herausnehmen und neue hinein, nützt nichts. Sämtliche Verkleidungen ebenso durch neue ersetzen, es nützt alles nichts. Der Geruch haftet und bleibt wie eingebrannter Lack. Da muss die Nase gar nicht so empfindlich sein.

"**Wasserleiche** in der Donau, die Feuerwehr ist schon vor Ort. Nehmt alles mit." Der Geruch an diesem Sommertag wehte uns schon entgegen, bevor wir aus dem Auto stiegen. Einer der Männer hinderte den Toten, der nur mehr durch seinen zugeknöpften Mantel zusammen gehalten wurde, mit einem Enterhaken am wegtreiben, da auch Äste und anderes Treibholz um ihn waren. Wir bereiteten die Plastikhülle und den provisorischen Sarg vor und machten uns bereit, den Mann zu bergen. Vorher gab es noch einen kräftigen Schluck aus dem Flachmann, einige schnüffelten dankbar an der Flasche mit Kampferöl. Ein junger sechzehnjähriger Feuerwehrneuling, brennend vor Eifer, endlich bei einem Einsatz und nicht nur bei einer Übung dabei zu sein, konnte es kaum mehr erwarten. Der erste richtige Einsatz, und dann gleich ein Toter und nicht nur ein brennender Mistkübel oder eine Katze auf dem Baum, die es zu bergen galt, weil sie nicht mehr hinunterfand.

"Ich hab schon die Stiefel an, ich gehe hinein und ziehe ihn heraus." Er war ganz begierig darauf, den Mann selber zu bergen. Die Männer grinsten nur, und ich sagte zu ihm. "Heh Junge, lass das, das ist nichts für dich. Bleib heraussen. Dafür sind wir zuständig."

Doch schon war er zwei Schritte im seichten Wasser und zog an der Hand des Toten. Im nächsten Moment wurden seine Augen riesengroß, sein Gesicht weiß wie Kalk und er fiel wie ein Stock nach rückwärts, zwei Finger der Leiche in seinen Fingern. Gut, dass wir den Schnaps dabei hatten. Dass er dann das volle Programm durchzog, es aus sämtlichen Körperöffnungen rann, bekam er auch nur am Rande mit.

Dann waren wir dran. Der Mann hatte mit Draht einen Erdäpfelsack um die Füße gewickelt, angefüllt mit Steinen, was im ersten Moment wieder an Mord denken ließ, aber im Abschiedsbrief, den die Frau des Abgängigen der Polizei gegeben hatte, war sogar die Brücke angegeben, von der er gesprungen war. Nach fast drei Monaten wurde er angeschwemmt, obwohl man intensiv nach ihm gesucht hatte. Zusammengehalten fast nur mehr durch sein Gewand.

Aufgefallen war der Tote einem Jogger, der sich über den Geruch am Wasser wunderte.

Eine sofortige Obduktin wurde angeordnet, wir brachten den Toten in unseren Waschraum der Aufbahrungshalle, wo ab und zu noch geschnippelt wurde. Über die näheren Umstände dieses Raumes will ich mich nicht äussern. Nur so viel, es war die allerletzte Obduktion, die dort durchgeführt wurde. Der geruchsresistente Lois von der Polizei, eine bleiche Sekretärin und der Obduzent verrichteten ihre Arbeit.

Wir warteten einstweilen im hundert Meter entfernten Gasthaus, wo sich die Gäste über den dort noch spürbaren bestialischen Gestank beschwerten und dem Wirt die Schuld gaben, obwohl der doch gar nichts dafür konnte.

Franz war schon weg und ich hatte bereits ordentlich "abgeschwemmt", als der Gerichtsmediziner in die Gaststube kam und beim Wirt eine Halbe Bier und eine "ordentliche Portion saures Rindfleisch" bestellte.

Ich schaffte es gerade noch ins Freie, bevor ich mir die Seele aus dem Leib erbrach.

Mordopfer hatten wir – zumindest in meiner Zeit als Bestattergehilfe – nur eines, und dieser Fall war ziemlich unspektakulär, wenn man in so einem Zusammenhang überhaupt davon sprechen kann. Ein Mann erschoss aus Eifersucht einen Liebhaber seiner Frau, nachdem er ihm auflauerte, als der aus seinem Haus kam. Ein Nachbar war Zeuge und rief die Polizei, die ihn verhaftete. Der Täter wartete im Vorgarten und ließ sich widerstandslos festnehmen. Er hätte sich auch freiwillig gestellt, sagte er später aus. Mit dem Seitensprung seiner Frau war er nicht klar gekommen.

Morde, natürlich gibt es sie. Aber nicht so wie in Film und Fernsehen, wo fast jedes Dorf schon seine Soko ob der vielen Morde hat, denken wir nur an Kitzbühel oder Rosenheim und Wolfratshausen. Abgesehen davon, dass diese Kriminalbeamte und Polizisten in den Serien fast überall - auch in anderen Bundesländern aktiv sind. Im Film ist halt alles erlaubt.

Mein Hausarzt sowie viele seiner Kollegen sind aber der

Ansicht, dass die Dunkelziffer an Tötungsdelikten schon bei "normalen" Sterbefällen enorm hoch ist. Er schätzte sie auf zwanzig Prozent und darüber. Wir waren recht gut befreundet, und oft genug unterhielten wir uns über diverse Todesfälle und deren Umstände und Folgen. Wir sind einer Meinung, es gibt ihn, den perfekten Mord, solange nicht jeder Verstorbenen obduziert wird, und selbst da könnte nicht jeder Todesfall aufgeklärt werden. Mit dem Gemeindearzt, der einige Jahre nach meiner Zeit in der Bestattung selbst Suizid verübte, hatte ich lediglich beruflich zu tun.

Flüchtige, oberflächliche und ungenaue Untersuchungen, falsche Gutachten und gefällige Totenscheine durch einen Arzt sind gar nicht so selten. Bekannt und wahr ist die Geschichte, dass ein Totenschein auf tödlichen Schlaganfall ausgestellt wurde, der Bestatter beim Anziehen der Leiche aber das Einschussloch im Rücken entdeckte. Der Skandal war entsprechend.

Häufig sind es Angehörige, die Bettlägerige "zu Tode pflegen", Medikamente in Überdosis oder gar nicht verabreichen. Die Beweggründe sind unterschiedlich. Meistens ist es die Belastung, die den Hinterbliebenen zu viel wird oder Mitleid mit den Bettlägrigen, für die der Tod eine Erlösung darstellt.

Aber nicht jeder Tote, bei dem nur der geringste Zweifel eines natürlichen Todes besteht, kann obduziert werden. Gerichte, deren Mediziner und Krankenhäuser sind ohnehin überlastet. Von den Kosten ganz zu schweigen.

So bleibt es am Ende dem Bestatter überlassen, den Verstorbenen die letzte Ehre zu erweisen und die Würde zu behalten, die ihnen unter Umständen zu Lebzeiten vorenthalten wurde. Denn im Tod sind alle Menschen gleich, ohne Ausnahme.

EPILOG

Als ich damals bei der Bestattung anfing, schrieben wir gerade das Jahr 1987. Computer waren im Anfangsstadium, Mobiltelefone und Navigationsgeräte waren weitgehend unbekannt oder nur den Begüterten vorbehalten, kostete doch so ein Autotelefon, wie es damals noch genannt wurde, gut und gerne einhunderttausend Schilling, also rund siebentausend Euro. Verständigen konnten wir uns nur ganz normal über das damals obligate Festnetz oder Fax, denn ich hatte so ein Gerät zu Hause im Büro. Funk war zur Zeit alleine schon wegen der Sondergenehmigungen kein Thema.

Erst fast sieben Jahre später fingen auch wir mit moderner Kommunikation an, selbst Heike, die sonst so aufgeschlossene junge Eigentümerin, stand diesen Mitteln anfangs skeptisch gegenüber. Viele Kleinunternehmer warteten darauf, ob sich denn IT, wie es heute genannt wird, überhaupt durchsetzen würde. Heute sind diese Überlegungen von damals natürlich unverständlich.

Das Bestattergewerbe war noch konzessioniert, das heißt, die jeweilige Gemeinde bestimmte durch Bedarfsprüfung, wie viele Bestatter es geben darf. Zusätzlicher Bedarf war, wie zu erwarten, kaum erkennbar.

Zurückzuführen war diese Konzession auf das frühe zwanzigste Jahrhundert. Lästige Agenten und Vertreter warteten vor den Villen reicher Bürger, wenn bekannt wurde, dass ein Todesfallanstand. Es ging teilweise turbulent zu, Schlägereien bis hin zu Totenraub waren gar nicht so selten. So entschloss sich der Gesetzgeber zu diesem Schritt.

Erst im Jahr 2002 wurde dieses Monopol nach langen Diskussionen aufgehoben, was aber nicht automatisch bedeutete, das jeder auch das Gewerbe ausführen konnte.

Zu viele Prügel wurden angehenden Bestattern vor die Füße geworfen, nicht zuletzt sind bis heute Politik und Gemeinde maßgeblich an der Gewerbevergabe beteiligt.

Es gibt in Österreich mittlerweile etwas über 600 Bestatter, wovon wohl die meisten Privatfirmen sind, aber die ganz Großen der Branche sind durchwegs gemeindeeigene Betriebe. Und diese arbeiten nicht immer mit fairen Mitteln. In Wien beispielsweise sind 95 Prozent der Bestattungen in der Hand der Stadtwerke-Tochter. In den letzten hundert Jahren hat die städtische Bestattung Wien rund 2,1 Million Begräbnisse durchgeführt.

Da haben es neue Mitbewerber auf dem Markt wahrlich nicht einfach.

Als beliebtes Hindernis galten örtliche Aufbahrungshallen. Diese blieben zum Teil für Bestatter von außerhalb geschlossen, so dass sie gezwungen waren, mit Geld und guten Worten nachzuhelfen.

Oder Pfarrer, die meinten, in ihrer Kirche hätten nur die Ansässigen ein Anrecht auf Benützung. Bis auch hier eine Regelung vereinbart wurde, vergingen gleich ein paar Jahre.

War es damals noch strikt verboten, überhaupt Werbung zu verbreiten, ist es teilweise bis heute ein heikles Kapitel. Nur zurückhaltendes Informationsmaterial ist in Krankenhäusern, Altenheimen oder öffentlichen Gebäuden erlaubt. Mittlerweile hielt auch hier die moderne und aufgeschlossene Zeit Einzug. Die Werbung wird unverblümter und aggressiver. Angeblich werden da und dort den Kranken zusammen mit dem Frühstück schon Visitenkarten von genehmen Bestattern serviert. Die Schattenseite davon ist, dass es oft zu aggressiver Werbung kommt.

Der Preiskampf ist enorm, Tote werden aus Kostengründen ins benachbarte Ausland in die Krematorien gefahren, weil die billiger sind als heimische Betriebe. Wie ich erfuhr, ist diese pietätlose Unsitte, auch wenn sicher nun der Einwand kommt, dass es der Tote nicht mehr spürt und es kostet eben weniger - für mich ist es eine solche - in Deutschland bereits weit verbreitet. Der Mensch als Ware wie Erdäpfel oder Garneelen.

Vom letzten moralischen Dienst keine Rede mehr. Aschentourismus sozusagen. Anzeigen gegen Vestöße sind selten und werden vielfach kaum geahndet.

Ich unterstelle keine Preisabsprachen, aber es ist schon interessant, dass die Preise eines Begräbnisses fast keine Abweichungen ergeben, wo doch für ein und denselben Sarg bei Sargtischlereien Differenzen bis zu 80 Prozent im Verkauf aufscheinen können.

Die Rechnungen der seriösen Bestatter sind aber transparent und detailliert.

Nur mit den"außerordentlichen Belastungen" beim Finanzamt für den Jahresausgleich gibt es noch Unzulänglichkeiten für den Steuerzahler.

Im Internet findet man genügend Information über Preise und Leistungen, aber selbstverständlich gibt Ihnen gerne jedes Bestattungsunternehmen Auskunft über die Leistungen und Kosten. Aber selbst im preiswertesten Fall rechnen Sie auf jeden Fall mit viereinhalbtausend Euro.

EIN PAAR ZAHLEN

Hier nur ein Beispiel eines durchschnittlichen Begräbisses. Cirka Preise ohne Mehrwertsteuer, Preisbasis 2020 in Euro

Abholung 600,00

Totenbeschau 100,00

Leichenpass 250,00

Kühlraum 50,00

Aufbahrung 400,00

Personal zur Trauerfeier 400,00

Pfarrer/Sprecher 100,00

Parten nach Menge 150,00

Gedenkbilder nach Menge 250,00

Grabzeichen 80,00

Sarg 800,00 +

Verbrennung 1.500,00

Urne * 200,00 +

Vorläufige Friedhofskosten 1.000,00

Diamant pressen 1.600,00 +

Verwaltungskosten, Totenmesse, Zehrung,

Musik, Schmuck und Kränze nicht mitgerechnet

*Österreichweit gibt es derzeit 13 Krematorien, davon

Oberösterreich 3

Steiermark 2

Kärnten 1

Niederösterreich 2

Tirol 1

Salzburg 1

Wien 3

das wiederum heisst, eventuelle Überführungskosten pro km noch einmal mindestens 2,00 Euro!

Quellen:

Bestattervergleich.at LinzAG

Wikipedia diverse P.M.

Algordanza, Lonitè

ERLÄUTERUNGEN

*1) Zu dieser Zeit war es üblich, dass bei Suiziden, Unfällen oder Morden der Bestatter die Taschen der Toten durchsuchte und diese Dinge dann der Polizei übergab.

*2) Chewra Kadischa, Heilige Bruderschaft. Bestandteil einer jüdischen Gemeinde, die sich um Verstorbene und deren Verwandte kümmern.

*3) Minjan, Eine Gemeinschaft mindestens 10 gläubiger Juden, um einen jüdischen Gottesdienst abhalten zu können.

*4) Mantra, ständig sich wiederholende Verse

*5) Herz Sutra, einer der wichtigsten Texte des Zen und des tibetischen Buddhismus

*6) Roland Neuwirth, Österreichischer Sänger, Autor und Komponist, Wien

*7) Bschoadbinkerl, Wegzehrung für den Nachhauseweg, eingeschlagen in eine Stoffserviette

*8) Begräbniskosten, siehe Epilog

*9) Wartezeit. Bei Hausabholungen waren vier Stunden obligat bis der Verstorbene abtransportiert werden

konnte, da das einsetzen der Totenstarre abgewartet werden musste

*10) Konzessioniertes Gewerbe, siehe Epilog

*11) Fenstersarg. Ein Sarg mit einem Schauglas in der Höhe des Kopfes, welches erst unmittelbar vor dem Begräbnis mit einem Holzdeckel verschlossen wird. Heute unüblich.

Dank

Danke an alle, die mir geholfen haben. Besonders Ernstl, der mir den Umgang mit den Verstorbenen so einfühlsam beibrachte.

Danke auch an die Kollegen und Mithelfer von Polizei, Rettung, Feuerwehr und natürlich Ärzte.

Mein Dank gilt ebenso den Ämtern und Krankenhäusern und Pfarreien, die uns in unserer Tätigkeit unterstützen.

Die Namen wurden geändert, das Erlebte ist wahr. Auch ist das Geschriebene über meine Auffassung von Ethik – wie mir in vielen Gesprächen bestätigt wird – nicht nur meine ureigene Meinung. Auch dafür danke!